"纵观世界文明史，人类先后经历了农业革命、工业革命、信息革命。每一次产业技术革命，都给人类生产生活带来巨大而深刻的影响。现在，以互联网为代表的信息技术日新月异，引领了社会新变革，创造了人类生活新空间，拓展了国家治理新领域，极大提高了人类认识世界、改造世界的能力。"

——2015 年 12 月 16 日，习近平在第二届世界互联网大会开幕式上讲话

"网信事业代表着新的生产力和新的发展方向。"

——2018 年 4 月 21 日，习近平在全国网络安全和信息化工作会议上讲话

编委会

世界网力

2018年中国网信产业桔皮书

主　编◎于　晴　张继春

副主编◎王海洋　周鸿祎

姜海舟　吴云坤　宁　涛

北京

国家行政学院出版社

图书在版编目 (CIP) 数据

世界网力：2018 年中国网信产业桔皮书 / 于晴，张
继春主编 . – 北京：国家行政学院出版社，2019.9
ISBN 978-7-5150-2420-2

Ⅰ . ① 世… Ⅱ . ① 于… ② 张… Ⅲ . ① 互联网络—高
技术产业—产业发展—研究报告—中国— 2018 Ⅳ . ① F492.3

中国版本图书馆 CIP 数据核字（2019）第 203590 号

书 名	世界网力：2018 年中国网信产业桔皮书
	SHIJIE WANGLI：2018NIAN ZHONGGUO WANGXIN CHANYE JUPISHU
编 者	于 晴 张继春
责任编辑	王 娜
出版发行	国家行政学院出版社
	（北京市海淀区长春桥路 6 号 100089）
电 话	（010）68920640 68929037
编 辑 部	（010）68928873
经 销	新华书店
印 刷	天津中印联印务有限公司
版 次	2019 年 9 月第 1 版
印 次	2019 年 9 月第 1 次印刷
开 本	170 毫米 ×240 毫米 1/16
印 张	13
字 数	150 千字
书 号	ISBN 978-7-5150-2420-2
定 价	68.00 元

中关村网络安全与信息化产业联盟

中关村网络安全与信息化产业联盟（以下简称"联盟"）是经北京市民政局批准的具有独立法人资质的社团组织。2013年12月26日，在北京市政府和中关村管理管委会等有关部门的支持推动下，联盟正式成立。

联盟宗旨：整合资源，服务引领，协同创新，集群发展。以建设国家网络强国为己任，致力于联合国内IT和网络安全企业，以应用为导向，以标准为牵引，以创新为动力，通过贯通上下游产业链，探索和建立网络安全产业新业态，促进产学研合作和科技成果转化，打造可持续发展的产业环境。

联盟下设秘书处、政策指导委员会、顾问专家委员会。

联盟已建立二级机构：企业移动计算机工作组（EMCG）、联盟战略研究中心、大健康数据安全专业委员会、智能制造信息安全专业委员会、数据安全治理专业委员会、智能终端操作系统专业委员会。

官网：http://www.zisia.org/
电话：010-5732-8155
邮箱：zgcxxaqcylm@126.com

（进入微信公众号）

（进入官网）

序 言

中国工程院院士　蔡吉人

　　近年来世界互联网领域新技术新应用新发展，充分彰显网络力量已经成为信息时代革命性的新质生产力、科技力、经济力、文化力，不断全面主推或促进世界经济社会发展。从当前中美贸易发生的情况和问题看，美国不断与中国网信典型企业叫板，其实质是由其网络力量在支撑。网络力量的生成、体系及强大，日益成为政府、学界、企业界关注的视点。2018年11月18日，中关村网络安全与信息化产业联盟集合业内知名企业一线研究人员，启动研究网络力量，简称网力，于2019年4月形成《世界网力：2018年中国网络安全与信息化产业桔皮书》。我感到，提出和比较系统地研究"网力"问题，是十分必要的，主要有以下三点认识：

　　一是习近平网络强国战略思想的应有之义。党的十八大以来，党中央、习近平总书记高度重视互联网、发展互联网、治理互联网，统筹协调涉及政治、经济、文化、社会、军事等领域信息化和网络安全重大问题，作出一系列重大决策、提出一系列重大举措，推动网信事业取得历史性成就，不仅走出一条中国特色治网之道，而且提出一系列新思想新观点新论断，形成了网络强国战略思想。

习近平总书记关于网络强国战略思想是系统的、综合的、全面的、发展的，是着眼于网信规律、时代发展的思想理论体系。2018 年 4 月 20 日至 21 日，习近平在全国网络安全和信息化工作会议上讲话中鲜明指出："网信事业代表着新的生产力和新的发展方向。"网信事业必然运生网络力量、网络强国必然需要网络力量。为此，在习近平网络强国战略思想指导下，对网络力量进行初步研究是必要的。

二是世界文明发展到信息时代的力量结晶。当今人类社会正在经历着信息革命和数字化浪潮，这是又一次历史性的产业技术巨变。纵观世界文明史，人类先后经历了农业革命、工业革命、信息革命，每一次产业技术革命，都会给人类生产生活带来巨大而深刻的影响。新一代信息技术已经全面融入社会生产生活，深刻改变着全球经济格局、利益格局、安全格局，给各国经济社会发展、国家管理、社会治理、人民生活带来重大而深远的影响。以互联网为代表的信息技术日新月异，引领了社会新变革，创造了人类生活新空间，拓展了国家治理新领域，极大提高了人类认识世界、改造世界的能力。不同时代的产业革命催生着不同时代的力量主导，信息时代也必然催生着网络力量的形成与发展。

三是网络向世界全域综合渗透的新质力量。世界随着信息技术快速发展已经步入互联网时代，万物互联成为连接社会与自然、精神与物质、国家与地区的新空间、新生态、新力量，还将会以更新的面目不断展示。从世界范围看，信息化、网络化对经济、政治、文化、社会、军事等各领域的渗透趋势越来越明显，成为推动经济社会转型、实现可持续发展、提升国家综合竞争力的强大动力。当前全球正处于新一轮科技革命和产业革命突破爆发的交汇期，以互联网为代表的信息技术，与人类的生产生活深度融合，成为引领创新和驱动转型的先导力量，正加速重构全球经济新版图。世界各国加速新兴技术研发与应用，积极抢占技术竞争制高点、社会应用新模式，持续释放网络经济红利、政治生力、文化张力。网络向世界全域、综合渗透的生动实践需要我们对网络这一新质力量进行梳理与研究。

中关村网络安全与信息化产业联盟理事长单位——北京鼎普科技股份有限公司携业内相关专家、企业家经过初步研究，形成了这一成果，尽管书中还有诸多问题和不足，但作为探索性研究是值得充分肯定的，是可喜可贺的。科技需要创新，思想理念更需要创新，惟有创新才能够使我们的网信事业不断兴旺发展。

目 录
CONTENTS

序　篇

研究背景与目的

1. 2018 年显示网络力量正向世界全域渗透与拓展

从世界范围看，信息化、网络化对经济、政治、文化、社会、军事等各领域的渗透趋势越来越明显，成为推动经济社会转型、实现可持续发展、提升国家综合竞争力的强大动力。在经济领域，促进传统产业转型，不断催生新的经济形态；在政治领域，改变传统政治生态，促进民主法治发展；在文化领域，推动文化的内容、形式和传播方式发生巨大变革；在社会领域，促进社会结构变革，深刻改变社会成员的生活方式；在军事领域，信息化、网络化背景下的军事斗争能力成为国防实力的关键要素；在科技领域，现代信息技术、网络技术水平成为国家科学技术进步的重要标志。2018 年，世界互联网领域的新技术、新应用和新发展呈现新态势，充分显示网络力量正在引导着全球互联网未来发展的美好愿景，成为信息时代革命性的新质生产力、科技力、经济力，全面促进世界经济社会发展。当前全球正处于新一轮科技革命和产业革命突破爆发的交汇期，以互联网为代表的信息技术，与人类的生产生活深度融合，成为引领创新和驱动转型的先导力量，正加速重构全球经济新版图。世界各国加速新兴技术研发与应用，积极抢占技术竞争制高点、社会应用新模式，持续释放网络经济红利、政治生力、文化张力。2018 年，全球数字经济规模近 20 万亿美元，其中美国和中国位居全球前两位。全球电子商务保持快速增长，交易额达到 3.3 万亿美元，特别是 2018 年以来，亚洲、拉丁美洲、非洲以及中东地区等新兴市场成为新的增长点。

2. 2018 年中国继续以技术为核心全面发展与应用网络

2018 年互联网发展状况表明，在宏观经济整体向好的情况下，中国的移动互联网行业也迎来了新的增长，中国网民人数已经超过 7.53 亿，占到总人口的一半以上，移动数据流量消费同比上升 162%。《中国互联网发展报告 2018》研究显示，我国信息基础设施持续升级，网络信息技术取得积极进展，部分领域实现单点突破。数字经济发展势头强劲，网络安全保障能力显著提升，网络空间日渐清朗，网络文化日益繁荣，人民群众对互联网的获得感显著增强。截至 2018 年 6 月，中国 4G 用户渗透率进入全球前五，5G 研发进入全球领先梯队，电子商务市场规模位居全球首位。电子商务进一步发展，在全球电子商务渗透率持续提升的背景下，中国市场的渗透率瞩目，通过科技创新赋能传统行业的新模式正在重构零售市场。移动支付、广告和共享出行增长迅猛，共享出行、移动支付和广告业持续增长，移动支付规模同比增长超过两倍，在线广告收入增长 29%，共享出行规模增长 96%，领先全球。

3. 网络力量（简称网力）呼之欲出

网络力量正在成为新时代经济社会发展的新生主导力量。2014 年 2 月 27 日，习近平总书记在中央网络安全和信息化领导小组第一次会议上初步提出了建设网络强国的愿景目标，并系统阐释了网络强国战略思想的时代背景、形势任务、内涵要求，从而使这一思想成为相对完整、系统的理论体系。网络强国涉及技术、网络、应用、文化、安全、立法、监管等诸多方面，必须在网络技术上具有很强的创新性，研发能力达到国际领先水平，网络产业和企业在国际上与国家的经济实力和规模相匹配，确保网络领域不受到国内外组织与个人的摧毁式攻击，保障重大应用系统正常运营，网络治理具有更好的开放性、创新性与包容性，网络应用与治理在全球具有领先水平。党的十八届五中全会通过的《中共中央关于制定国民经济和社会发展第十三个五年规划的建议》，明确提出实施网络强国战略以及与之密切相关的"互联网＋"行动计划。2018 年 4 月，在全国网络安全和信息化工作会议上，习近平总书记深入阐述了网络强国战略思想，这是习近平新时代中国特色社会主义思想的重要组成部分。习近平总书记关于网络强国的战略思想及其波澜壮阔的实践，推动网信事业取得了历史性成就，正在成为新时代我国经济社会发展的新生主导力量。

网络力量正在成为新时代构建世界命运共同体的重要力量。2015 年 12 月 16 日，在第二届世界互联网大会开幕式上习近平着眼世界和平与发展强调指出，互联网是人类的共同家园，各国应该共同构建网络空间命运共同体，推动网络空间互联互通、共享共治，为开创人类发展更加美好的未来助力。互联网技术的发展使得信息化与全球化高度融合，人类社会已经步入"数据时代"。携手构建网络空间命运共同体，需要各国深化合作，走出一条互信共治之路。世界各国虽然国情不同、互联网发展阶段不同、面临的现实挑战不同，但推动数字经济发展的愿望相同、应对网络安全挑战的利益相同、加强网络空间治理的需求相同。以共进为动力、以共赢为目标，共担责任、共御风险、共享成果，建设更加公正合理的全球互联网治理体系，这才是信息时代推动历史车轮滚滚向前的人间正道。

综上所述，2018 年中国网络安全与信息化产业桔皮书研究撰写以"世界网力基本体系及趋势研究"为主题，研究和回答如何科学界定网络力量、认识网络力量、增强网络力量等基本问题，研究关系党和国家网络技术与应用发展的重大问题，着力推出有分量、有深度、有价值的网络力量基本体系研究成果，为党和国家决策服务。

第一章

网力概念

1.1 国内外对网络力量的研究现状

网络力量是人类历史上的新生力量，随着网络技术的应用发展，学界和社会对网络力量有诸多认知，从不同角度进行研究，主要有以下几个方面：

1.1.1 对网络舆论影响力的认知

互联网发展的初级阶段，由于网络互联互通的极为有限性，人们还只是在新工具层面看待互联网。随着网络链接的扩大，形成了特有的具有强大聚焦功能的舆论态势，这时人们开始认识网络正负面的影响力。《人民论坛》杂志曾作过一项调查，显示当前国内有 7 成官员患有"网络恐惧症"。一些官员向记者坦言，现实中不少干部在官场混了十几年、几十年，大江大河都混过去了，却因为遭遇某个网帖，而受到问责，甚至"翻船"。调查认为，现在有的官员有很多怕的东西，但最怕的可能就是网络。从"天价烟局长"到"天价餐局长"，从"替谁说话"到"为啥做官"等网络视点反映，网络已形成一股强大的力量，以其聚光灯般的效应，让腐败现象、问题干部纷纷曝光、无处藏身。

对网络舆论影响力的研究，学界认为特点有四：一是范围广。网络舆论跨越了地域和时空的限制，延伸了传播范围，使得民众对事件的关注与评论更加广泛，在监督范围的广泛性方面显著强于传统的舆论监督。二是效率高。互联网是一个公共的论坛，有着不同思想和观点的人可以在这里直抒己见，相互交流，这不仅扩大了舆论参与的主体，也增强了舆论监督的有效性。三是方式灵活。网络技术引领了传播方式的飞跃，带来了传播技术的解放，实现了传播内容的生动性和传播方式的灵活性。表现形式的多样化使舆论监督报道更为形象、直观、立体化，增强了感染力和影响力。四是信息交互。这种交互性表现在，一方面受众在网络上可以自行选择新闻传播的内容，具有选择的余地；另一方面，网络媒体通过开设电子论坛、公布电子邮件、网上民意调查、设置讨论等手段，提供交流批评的场所，使受众能直接参与新闻报道，自由方便地发表自己的意见和观点，从而实现传受双方的沟通与交流。

1.1.2 对网络犯罪力的认知

网络技术在单纯追求应用利益时容易忽视安全，导致生成了新的犯罪手段，即网络犯罪。网络犯罪，是指行为人运用计算机技术，借助于网络对其系统或信息进行攻击、破坏或利用网络进行其他犯罪的总称。既包括行为人运用其编程、加密、解码技术或工具在网络上实施的犯罪，也包括行为人利用软件指令、网络系统或产品加密等技术及法律规定上的漏洞在网络内外交互实施的犯罪，还包括行为人借助于其居于网络服务提供者特定地位或其他方法在网络系统实施的犯罪。简言之，网络犯罪是针对和利用网络进行的犯罪，网络犯罪的本质特征是危害网络及其信息的安全与秩序。

瑞士洛桑大学教授、国际知名网络空间安全和防御专家、瑞士工程科学院院士、瑞士网络空间安全顾问和研究组织创始人索朗热·戈尔纳奥提研究撰写了《网络的力量：网络空间中的犯罪、冲突与安全》一书。该书为一些非政治、无党派和无政府的核心网络安全问题提供了解决方案，对相关领域若干网络危机案例，从平民和军事角度进行高度总结，并展示解决方案。从交叉学科的角度解释基本原理，揭示了信息和通信技术在使用中，或者说滥用中，引起的社会、经济、政治、军事和技术问题，它的作用是为了提醒社会公民应该做好准备防御网络攻击和加强对网络攻击威胁的认识。

1.1.3 对网络全球力的认知

当今世界的发展速度如此之快，远远超出人们的想象，不仅包括科技的创新，还有经济的发展，文化的更新，都令人目不暇接。对于这种世界发展趋势的描述，人们提出了很多概念，如全球化、地球村、经济一体化等。全球移动互联网爆发式扩张正在演化，世界互联网连接规模增长步入动力转换期，互联网发展进入从"人人互联"到"万物互联"转变的新阶段，人工智能等新兴网络信息技术成为全球科技竞争的新高地，数字经济成为世界各国谋求经济增长的新动能，网络空间成为全球治理体系变革的新领域，智慧社会成为人们生产生活的新社会形态，互联网日益成为"你中有我、我中有你"的命运共同体。网络的本质在于互联，信息的价值在于互通。随着信息化加速推进，互联网已成为全球经济社会发展的大动脉，国际社会有责任在全球范围促进信息技术的普惠式发展，为广大发展中国家和地区加快网络建设提供必要的资金、技术和人才支持，增强其自身网络发展条件，为消除贫困、促进共同发展创造条件。

1.1.4 对网络能力的认知

近年来国内外有的学者从网络能力维度进行研究，2011 年，著名的经济学人智库在博思艾伦咨询公司支持下开发了"网络能力数据"模型。2016 年 8 月国防工业出版社出版的《网络能力与企业服务创新的关系研究》，作者李纲、高京燕、陈静静将企业的经营与管理行为嵌入在复杂的网络组织中，对网络能力对企业服务创新等活动做了深入系统阐述。本书围绕网络能力与企业服务创新的关系，从四个方面开展研究：一是明确企业网络能力的维度划分及测量；二是构建网络能力、网络结构、知识获取和服务创新绩效之间的关系模型；三是分析网络能力对企业服务创新的直接和间接作用机理；四是根据实证研究结果，为企业增强网络能力、提升服务创新及其绩效提供对策建议。本书采取理论分析与大样本实证分析相结合的研究方法，揭示了网络能力对企业服务创新的直接和间接作用。研究结论有助于丰富网络能力和服务创新理论，并为中国企业通过构建、提升网络能力以促进自身服务创新提供科学的指导。

1.1.5 对网络安全力的认知

最近几十年，信息通信技术（ICT）的作用和地位愈发重要。从经济角度来看，互联网和信息通信技术对经济的促进已得到广泛认可。然而，这些技术同时也使得网络空间的非法活动激增。由此，兰德公司于 2018 年 8 月发布报告——《发展网络安全能力——基于概念验证的实施指南》（Developing Cybersecurity Capacity- A proof-of concept implementation guide），旨在促进国家级网络安全能力建设计划以及整体政策和投资战略的制定，以应对网络领域的挑战。

国家网络安全能力成熟度模型（CMM）由牛津大学（University of Oxford）的全球网络空间安全能力中心（GCSCC）创建，并由英国外交部（UK FCO）的网络安全能力建设计划进行资助。由于美洲国家组织（OAS）、世界银行（WB）、国际电信联盟（ITU）和英联邦电信联盟（CTO）等国际组织在许多国家和地区都部署了这一工具，因此在实践中备受关注。全球网络空间安全能力中心能力成熟度模型（GCSCC CMM）的首个版本出版于 2014 年，2017 年更新为最新版本。根据全球网络空间安全能力中心能力成熟度模型（GCSCC CMM）所述，一个国家的网络生态系统被认为由五个维度构成：

D1－网络安全政策和战略；D2－网络文化与社会；D3－网络安全教育、培训和技能；D4－法律和监管框架；D5－标准、组织和技术。

全球网络空间安全能力中心能力成熟度模型（GCSCC CMM）的每一个维度、因素和方面都进一步沿着成熟度的5个阶段进行构建。它们被用来帮助各国确定自己目前的能力水平。全球网络空间安全能力中心能力成熟度模型（GCSCC CMM）的成熟度级别，从低到高，列示如下：启动级、形成级、确立级、战略级以及动态级。下图提供了全球网络空间安全能力中心能力成熟度模型（GCSCC CMM）结构的可视化概述。

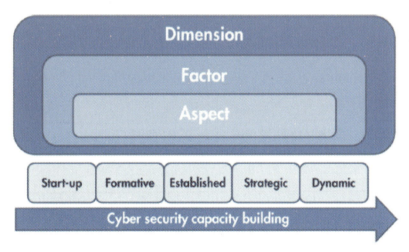

图 1-1　全球网络空间安全能力中心能力成熟度模型

1.1.6 对网络军事力的认知

美国最早进行网络军事力量的建设与应用，当今已经成为主要国家的新军事力量建设的路径选择。美国空军中校 E·林肯·邦纳三世在《联合部队季刊》杂志 2014 年第 3 期上发表文章《21 世纪联合作战中的网络力量应用》，指出网络方便了人们的生活，也潜藏着冲突和危机。近年来，一些国家逐渐将网络空间视作国家间战略博弈的新高地，导致网络空间军事化态势不断加剧。2018 年，随着相关国家网络政策的调整以及网络军事力量建设加速，网络空间弥漫着更为浓烈的"火药味"。

2018 年美国公布的《国家安全战略》进一步强调网络空间的竞争性，宣称为了威慑和击败所有针对美国的网络攻击，美国将考虑动用各种手段，已经进入立法程序的美国《主动网络防御明确法案》，也在网络立法和执法中强调"主动"，允许网络空间受害者进行反击，体现出强烈的攻击性。北约网络政策中的攻击性内容明显增加。2018 年，北约展开向网络战规则中添加"攻击性防御"条款的具体论证工作，以指导部队更为广泛地部署网络攻击性武器。此外，俄罗斯军事学说已将网络攻击定性为大规模毁灭性武器攻击。印军也将在新年度加强网络进攻力量建设，加速建立"能够瘫痪敌方指挥与控制系统以及武器系统"的网络体系。

2018 年，一些国家"网军"建设进一步提速。面对越来越严峻的国际网络空间安全态势，网络军事力量建设日益成为各国关注和发展的重点，越来越多的国家建成独立的"网军"。2018 年，各国网络军事力量建设进入强体系、扩规模、提能力的新阶段。

2018 年，网络武器无序发展现象进一步加剧，网络武器数量越来越多、技术越来越先进、威力也越来越大。从美国公布的国防预算来看，其 2018 财年用于网络的国防经费增至 80 亿美元，主要用于加强网络武器研发和列装，以进一步扩大与其他国家的技术"代差"。据报道，美国中央情报局已开发 1000 多种网络攻击装备，而美国目前 217 个在研高新科技项目中，有 180 余项涉及网络武器研发。作为网络军事能力最强的国家，美国持续加大对网络军备特别是网络进攻性武器的研发力度，无疑将刺激其他国家加大对网络攻防技术与装备的研发部署，使网络空间安全形势更趋紧张。

网络武器不仅受到各国重视，也容易为各种黑客组织、恐怖主义势力所利用。勒索病毒使全球 150 多个国家和地区的 20 多万台电脑受到攻击，累计损失高达数十亿美元，让人们看到了网络武器的威力。当今社会，各国关键基础设施、工业物联网等都有赖于网络的正常运转。由于网络武器制造、获取和使用的门槛较低，各种恐怖主义势力使用起来难度更小，如果不加以重视，很可能发生美国所担心的"数字珍珠港"或"数字 9·11"事件。

1.2 网力要义界定

专家学者正在越来越清晰地认知网络力量、运用网络力量，由单一向综合发展，对网络力量的研究也由单向性向综合性、总体性拓展。就目前国内外研究来看，还没有对"网络力量"进行总体研究阐述，随之相应的"网力"概念还是学界和企业界研究的空白。

1.2.1 网络使命决定着网力概念的生成

网络由节点和连线构成，表示诸多对象及其相互联系。在数学上，网络是一种图，一般认为专指加权图。网络除了数学定义外，还有具体的物理含义，即网络是从某种相同类型的实际问题中抽象出来的模型。在计算机领域中，网络是信息传输、接收、共享的虚拟平台，通过它把各个点、面、体的信息联系到一起，从而实现这些资源的共享。网络是人类发展史到目前最重要的发明，提高了科技和人类社会的发展，网络的诞生使命，就是通过各种互联网服务提升全球人类生活品质，让人类的生活更便捷和丰富，从而促进全球人类社会的进步，并且丰富人类的精神世界和物质世界，让人类最便捷地获取信息，找到所求，让人类的生活更快乐。

1.2.2 网络技术发展催生着网力概念的提出

1946 年世界上第一台电子计算机问世后的十多年时间内，由于价格很昂贵，电脑数量极少，早期所谓的计算机网络主要是为了解决这一矛盾而产生的。其形式是将一台计算机经过通信线路与若干台终端直接连接，我们也可以把这种方式看做最简单的局域网雏形。

最早的网络，是由美国国防部高级研究计划局（ARPA）建立的。现代计算机网络的许多概念和方法，如分组交换技术都来自 ARPANET。ARPANET 不仅进行了租用线互联的分组交换技术研究，而且做了无线、卫星网的分组交换技术研究，导致了 TCP/IP 问世。

1977 年—1979 年，ARPANET 推出了如今形式的 TCP/IP 体系结构和协议；1980 年前后，ARPANET 上的所有计算机开始了 TCP/IP 协议的转换工作，并以 ARPANET 为主干网建立了初期的 Internet；1983 年，ARPANET 的全部计算机完成了向 TCP/IP 的转换，并在 UNIX（BSD4.1）上实现了 TCP/IP。ARPANET 在技术上最大的贡献就是 TCP/IP 协议的开发和应用。两个著名的科学教育网 CSNET 和 BITNET 先后建立；1984 年，美国国家科学基金会 NSF 规划建立了 13 个国家超级计算中心及国家教育科技网。随后 1988 年，Internet 开始对外开放，替代了 ARPANET 的骨干地位；1991 年 6 月，在连通 Internet 的计算机中，商业用户首次超过了学术界用户，这是

Internet 发展史上的一个里程碑，从此 Internet 成长速度一发不可收拾，进入 21 世纪，网络技术与应用成为潮流，渗透影响着世界诸多领域，正在向全域拓展。在这个过程中网络力量也由局部、线性向系统、综合发展，已经形成了影响和主导世界的总体力量，由此，必须对网力进行研究阐述。

1.2.3 网络力量（简称网力）的内涵

网力是对一个国家网络安全和信息化能力的总称。只有更好地了解主要国家的网力，才能了解一个国家网络空间信息化基础设施的发展水平和网络安全保障水平，才能更好地分析其支撑数字未来所需的国家网络能力之间的差距，才能更好地制定相应的网络安全和信息化策略，指导网络安全和信息化实践。

网力是网络力量的简称，指国家网络技术研究发展、融合、应用与网络空间治理的综合实力。基本体系主要构成有：

国家总体部署力量（国家网络战略与政策）

科技创新力量（网络信息技术）

设施建设力量（网络信息基础设施）

经费投入力量（网络信息研发投资）

产业生长力量（网信产业）

安全与控制力量（网络安全）

国家秘密保护力量（网络信息保密科技）

军事作战力量（军队与国防网络信息化）

网络应用与治理力量（网络信息社会化）

国际交流与合作力量（构建人类命运共同体）

第二章

网力研究的重要意义及研究方法

2.1 网力研究的重要意义

2.1.1 有利于促进世界网络技术迅速健康发展

互联网作为人类文明进步的重要成果，是驱动创新发展、促进社会进步、惠及全人类的重要力量。随着网络技术和应用的不断发展，特别是大数据、云计算、人工智能等的出现和运用，互联网迎来了加速裂变式的新一轮革命，促使社会各方面发生颠覆性变革，并深刻改变着人类世界的空间轴、时间轴和思想维度。

全球互联网接入仍然保持快速增长，联网数据研究机构 We Are Social 和 Hootsuite 共同发布的"数字 2018"互联网研究报告显示，2018 年，全球网民人数已突破 40 亿（约 40.21 亿），占全球人口总数一半以上，其中新增网民人数约 2.5 亿，绝大多数是来自移动端，目前全球约 68% 的人拥有手机等移动设备，智能手机在上网流量中的占比达到了 52%。

虽然联合国已经将移动宽带作为实现普遍接入的关键工具，但由于成本原因，该技术仍然无法满足全球许多人的需求，联合国预计，到 2019 年底全球仍有 38 亿人无法连接到互联网。在对 60 个低收入和中等收入国家的调查中，联合国网络基金会发现，截至 2017 年底，只有 24 个国家提供价格合理的移动网络套餐（费用不到全国平均月收入的 2%）。在互联网基础设施还比较薄弱的非洲大陆，互联网普及率还有较大提升空间，其中即使在表现最好的北非地区，普及率也仅为 49%。在全球互联网技术变革和创新浪潮的推动下，各国政府积极扩大信息基础设施的覆盖范围，互联网企业成长步伐不断加快，北美、欧洲及亚洲地区主要经济体的互联网平均发展水平最高。欧洲地区互联网发展比较成熟，北美地区紧随其后，亚洲地区互联网普及率较为均衡。互联网企业表现最为亮眼的是中国和美国，截至 2018 年 5 月，在全球 20 个市值最大的互联网公司中，中国占据了 9 家，美国有 11 家；而在 5 年前，中国只有 2 家，美国有 9 家。

网络力量的研究，能够评估与判断世界主要国家网络信息发展的短板与长项，使国家间相互借鉴，在网络体系框架内促进世界网络力量健康发展。

2.1.2 有利于网络空间竞争与挑战的有效治理

网络竞争是网络空间中的无形战争，具有高技术性、快速性、广泛性和辐射性，已成为世界各国改变游戏规则的新兴领域，是大国在未来战争中争夺的具有战略意义的重要阵地。

国际网络竞争与挑战日趋激烈。网络竞争的交锋焦点之一是"网络主权"和"网络自由"的交锋，主要争夺的是话语权。相比此前的大国竞争，争夺全球网络空间主导权的竞争有着鲜明的特点：第一个特点是跨领域性与交叉性。第二个特点是现实活动、观念与政策之间的落差。第三个特点是国际协调基础的脆弱性与不确定性。第四个特点是问题与利益的普遍连接所产生的关联性。

网络竞争的另一交锋焦点是网络治理"一超独大"和"分享共治"的交锋，争夺的是治理权。"一超独大"即对网络空间资源的独自占有权，"分享共治"即寻求实现网络空间的合作开发与治理。作为网络技术的引领者、网络行业规范的制定者，美国长期独霸网络空间，目前依然"一超独大"，并欲保持其网络霸权地位不受威胁。包括中国在内的发展中国家持共同开发、合作共享的立场，反对国际霸权，与美国在网络治理的理念上矛盾尖锐。

当前网络空间的合作几乎处于一种缺失的状态，除了一些最低程度的合作，如互联网域名的分配与管理外，无政府状态是当前网络空间的真实写照。网络空间几乎由各民族国家的政府所垄断，他们可以根据自己的利益选择接受或者拒绝连接外部世界的互联网，全球网络空间几乎被分割成了国家互联网。这些国家的政府在国家内部可以方便且自由地制定自己本国的互联网管理政策，并且很少或者根本不考虑与其他国家互联网管理政策的协调。随着网络在军事领域的发展，网络武器的威力也开始逐渐为人们所重视。当前，世界上主要国家都纷纷建立了自己的网络部队，在网络空间进行着悄无声息的网络战争。同时由各种非国家行为体所开展的网络犯罪、网络恐怖主义、网络黑客行为等也都在时时刻刻准备对网络空间进行破坏和攻击，网络空间俨然已经沦为新时代的新战场了。

网络力量研究有利于客观判断影响世界网络发展的国家因素，使各国政府能够更理智、更客观地调整国家网络发展战略与政策，为网络空间有效治理提供政府支持与合作。

2.1.3 有利于增强经济社会创新发展的动力

网络信息发展生成了"互联网＋"的经济发展新模式，将创新融入社会经济发展中来，利用大数据的分析与整合，来增强经济发展动力，促进经济社会健康有序发展。网络平台之所以能够成为经济社会创新发展的新动力，"大数据"的挖掘与利用发挥了重要作用。网络集纳的"规模庞大数据"，在当前的社会经济发展条件下逐渐成为了一种具有强大的决策力、洞察发现力和流程优化能力的信息资产。在"大数据"的支持下，互联网平台的信息化服务水平逐渐提高，服务行业新业态逐渐呈现。网络信息的运用提高了政府的社会治理能力，政府通过互联网平台将各个管理环节纳入网络体系，并形成大数据，挖掘数据价值。例如在城市交通建设中，城市相关部门可以利用建立"互联网＋城市交通"的管路模式，通过大数据分析对不同时段交通拥堵、事故多发等路段提出治理方案，从而保证城市居民的安全有序出行。

"互联网＋"能够创新区域经济发展，推动社会经济整体发展的平衡。在互联网背景下，大数据的生成与传输突破了时空限制，其在资源配置方面有着绝对优势，这样使一些原本经济发展活力不足的国家、地区也能够获得新的创新发展资源。在"互联网＋各个传统行业"的发展模式中，管理决策者通过对大数据的挖掘，发现市场经济发展各要素之间关联性，并利用数据分析模型指导经济管理决策，显然相较于传统的依靠主观经验，甚至盲目跟风的决策模式，建立信息化、数据化的决策体系更加理性，也更能够体现互联网经济时代的发展趋势。"大数据"融入了传统产业组织和运行模式，使得传统产业在研发设计、生产制造、物流运输、售后服务等方面逐渐脱离了粗放式的管理模式，从更加精准化、高效化、智能化的分析中构建新的发展体系，让传统产业从产品设计到售后服务各个环节都能够满足市场个性化的发展需求，进而最大化地缩短市场供需周期，协调市场供需之间的矛盾，提高产业管理效率。在新的产业革命中，网络力量对经济社会发展的引领、促进和增强作用是毋庸置疑的，必然为社会经济创新发展提供强有力的支撑。

2.1.4 有利于正确认识和把握我国网络国情和发展现状

我国作为正在崛起的世界发展中大国，在网络空间领域面临的机遇与挑战并存，如何有效应对挑战、合理利用机遇来促进发展，是筹划我国网络安全战略的关键环节，也是保障我国国家安全的重中之重。由于我国所处的特殊国情和特定历史环境，在我国网络的建设发展过程中，网络关键技术受制于西方国家的问题相当突出。主要表现为三点：一是西方拥有网络技术标准的话语权。以美国为首的西方国家以网络技术标准化为借口，通过网络技术标准化组织等学术机构，实现了对网络技术标准的垄断，使得包括我国在内的发展中国家必须依托其技术标准进行网络建设。二是软硬件设备严重依赖国外厂商。网络技术兴起于西方国家，在我国网络建设发展过程中，大量借鉴了国外先进技术和经验，使得我国基础设施软硬件严重依赖国外。从网络交换设备、操作系统、数据库到应用软件，目前最为流行、普及率最高的仍然是国外软件，而且由于用户的操作习惯问题，这个趋势可能会持续相当长一段时间。三是网络基础架构严重依赖国外组织。我国互联网的重要基础设施，对国外组织的依赖性比较强。例如，用来提供域名解析服务的域名服务器，其主服务器在全世界只有 13 台，其中美国掌握 10 台，且包含主根服务器。换句话说，美国可以随时切断任何国家的网络连接，断绝其与其他国家和外部世界的联系。例如，伊拉克战争时期，美国使用这种手段使伊拉克所有网站域名无法正常解析，造成了其网络混乱。

　　网络力量的研究，能够系统、全面地认识自身，看待他国，从而准确把握发展趋向，及时调整网络发展战略与政策，促进网络强国战略目标的尽快实现。

2.1.5 有利于更好地为党和国家决策服务

随着全球信息时代的到来，网络成为继陆、海、空、天之外的国家第五大主权空间，控制网络空间就可以控制一个国家的经济命脉、政治导向和社会稳定。世界各国围绕网络空间发展权、主导权、控制权的竞争日趋激烈，网络空间正在加速演变为战略威慑与控制的新领域、意识形态斗争的新平台、维护经济社会稳定的新阵地、未来军事角逐的新战场。网络安全关乎国家安全，牵一发而动全身，其战略性、综合性、基础性地位作用日益凸显。

党的十八大以来，党中央、国务院高度重视网络安全和信息化工作，成立了中央网络安全和信息化领导小组（党的十九大后，改称中央网络安全和信息化委员会），习近平总书记在领导小组第一次会议上指出"没有网络安全就没有国家安全，没有信息化就没有现代化"，强调要从国际国内大势出发，制定实施网络安全和信息化发展战略、宏观规划和重大政策，总体布局，统筹各方，创新发展，努力把我国建设成为网络强国。当前，我国面临的国际经济政治形势、社会发展主要矛盾、发展动力、发展目标、实现方式等都产生了深刻的变化，正处于全面建成小康社会决胜阶段、中国特色社会主义进入新时代的关键时期，我国国家网络安全与信息化发展也出现了一些新问题新特点新趋势。

网络力量研究能够认识与解决好新问题新特点新趋势，有效应对国际网络空间竞争对我国安全领域的挑战、有效采取措施把握机遇，是筹划我国网络安全战略的关键环节，也是保障我国国家安全的重中之重，这将极大地促进我国网络安全和信息化的繁荣与发展，为我国实现网络强国、"两个一百年"奋斗目标、实现中华民族伟大复兴中国梦做出新贡献。

2.2 网力研究方法

本研究报告网力研究的方法包括历史归纳、现实反映、数据统计、综合分析等方法。

历史归纳：历史归纳主要是通过各国近十年的网络安全和信息化技术和产业的发展历程，归纳当前世界网力发展的内在规律，研究其影响因素、因果关系和内在联系。

现实反映：现实反映主要反映各个国家战略与政策、网络信息设施、网络信息科技、网络信息研发投资、网信产业、网络安全、保密网络信息科技、军队与国防网络信息化、网络信息社会化程度、网络信息教育与培训、国际交往的现实情况，以此反映各个国家的网力现状。

数据统计：数据统计主要是针对网力构成指标的定义，进行数据采集和统计，通过量化的数据计算指标值，结合定性分析对各国的综合网力进行评价。

综合分析：综合分析主要是通过对网力发展过程的历史归纳，各国的网力现实状况，以及各国网力构成要素的数据统计，综合分析中国、美国、俄罗斯、日本、印度、韩国、以色列、德国、朝鲜等国的网力发展状况，以及世界网力发展的趋势。

第三章

网力体系基本构成

3.1 国家总体部署力量——国家网络战略与政策

随着网络信息技术的发展与其在社会各个领域的广泛应用，由企业主导的网络发展已经转变为政府主导，国家战略与政策也成为网力基本体系的第一位力量。

3.1.1 信息时代的网络发展是由国家主导的

伴随着现代科技的迅猛发展，网络正以非同寻常的速度在全球范围内扩张，成为影响国家安全、经济发展及文化传播的无形力量，成为承载政治、军事、经济、文化的全新空间。作为信息技术发展所催生的人类活动之第五维空间，网络空间是"信息环境中的一个全球域，由相互关联的信息技术基础设施网络构成，这些网络包括国际互联网、电信网、计算机系统以及嵌入式处理器和控制器"。在世界多极化、经济全球化、文化多样化深入发展，全球治理体系深刻变革的背景下，人类迎来了信息革命的新时代。以互联网为代表的信息通信技术日新月异，深刻改变了人们的生产和生活方式，日益激励市场创新、促进经济繁荣、推动社会发展。网络空间越来越成为信息传播的新渠道、生产生活的新空间、经济发展的新引擎、文化繁荣的新载体、社会治理的新平台、交流合作的新纽带、国家主权的新疆域。

网络空间给人类带来巨大机遇，同时也带来了不少新的课题和挑战，网络空间的安全与稳定成为攸关各国主权、安全和发展利益的全球问题。互联网领域发展不平衡、规则不健全、秩序不合理等问题日益凸显。国家和地区间的"数字鸿沟"不断拉大，关键信息基础设施存在较大风险隐患，全球互联网基础资源管理体系难以反映大多数国家的意愿和利益，网络恐怖主义成为全球公害，网络犯罪呈蔓延之势，滥用信息通信技术干涉别国内政、从事大规模网络监控等活动时有发生，网络空间缺乏普遍有效规范各方行为的国际规则，自身发展受到制约。面对问题和挑战，任何国家都难以独善其身，国际社会应本着相互尊重、互谅互让的精神，开展对话与合作，以规则为基础实现网络空间全球治理。对于国家网络部署的重要性，习近平总书记指出："网络空间是人类共同的活动空间，网络空间前途命运应由世界各国共同掌握。各国应该加强沟通、扩大共识、深化合作，共同构建网络空间命运共同体。"

3.1.2 国家总体网络战略与政策应坚持的基本原则

世界各国都应该成为世界网络和平的建设者、网络全球发展的贡献者、网络国际秩序的维护者，应坚定不移走和平发展道路，坚持正确义利观，推动建立合作共赢的新型国际关系，以合作共赢为核心，倡导和平、主权、共治、普惠作为网络空间国际交流与合作的基本原则。

（1）立足和平制定国家网络战略与政策的原则。国际社会要切实遵守《联合国宪章》的宗旨与原则，特别是不使用或威胁使用武力、和平解决争端的原则，确保网络空间的和平与安全。各国应共同反对利用信息通信技术实施敌对行动和侵略行径，防止网络军备竞赛，防范网络空间冲突，坚持以和平方式解决网络空间的争端。应摒弃冷战思维、零和博弈和双重标准，在充分尊重别国安全的基础上，以合作谋和平，致力于在共同安全中实现自身安全。网络恐怖主义是影响国际和平与安全的新威胁。国际社会要采取切实措施，预防并合作打击网络恐怖主义活动。防范恐怖分子利用网络宣传恐怖极端思想，策划和实施恐怖主义活动。

（2）尊重主权制定国家网络战略与政策的原则。《联合国宪章》确立的主权平等原则是当代国际关系的基本准则，覆盖国与国交往各个领域，也应该适用于网络空间。国家间应该相互尊重自主选择网络发展道路、网络管理模式、互联网公共政策和平等参与国际网络空间治理的权利，不搞网络霸权，不干涉他国内政，不从事、纵容或支持危害他国国家安全的网络活动。各国政府有权依法管网，对本国境内信息通信基础设施和资源、信息通信活动拥有管辖权，有权保护本国信息系统和信息资源免受威胁、干扰、攻击和破坏，保障公民在网络空间的合法权益。各国政府有权制定本国互联网公共政策和法律法规，不受任何外来干预。各国在根据主权平等原则行使自身权利的同时，也需履行相应的义务，不得利用信息通信技术干涉别国内政，不得利用自身优势损害别国信息通信技术产品和服务供应链安全。

（3）坚持共治制定国家网络战略与政策的原则。网络空间是人类共同的活动空间，需要世界各国共同建设，共同治理。国家不分大小、强弱、贫富，都是国际社会平等成员，都有权通过国际网络治理机制和平台，平等参与网络空间的国际秩序与规则建设，确保网络空间的未来发展由各国人民共同掌握。发挥政府、国际组织、互联网企业、技术社群、民间机构、公民个人等各主体作用，构建全方位、多层面的治理平台。各国应加强沟通交流，完善网络空间对话协商机制，共同制定网络空间国际规则。联合国作为重要渠道，应充分发挥统筹作用，协调各方立场，凝聚国际共识。其他国际机制和平台也应发挥各自优势，提供有益补充。国际社会应共同管理和公平分配互联网基础资源，建立多边、民主、透明的全球互联网治理体系，实现互联网资源共享、责任共担、合作共治。

（4）本着普惠制定国家网络战略与政策的原则。互联网与各行业的融合发展，对各国经济结构、社会形态和创新体系产生着全局性、革命性影响，为世界经济增长和实现可持续发展目标提供了强劲动力。促进互联网效益普遍惠及各地区和国家，将为2030年可持续发展议程的有效落实提供助力。国际社会应不断推进互联网领域开放合作，丰富开放内涵，提高开放水平，搭建更多沟通合作平台，推动在网络空间优势互补、共同发展，确保人人共享互联网发展成果，实现联合国信息社会世界峰会确定的建设以人为本、面向发展、包容性的信息社会目标。

3.1.3 国家总体网络战略与政策应秉持的主体内容

（1）维护主权与安全。各国应致力于维护网络空间和平安全，以及在国家主权基础上构建公正合理的网络空间国际秩序，并积极推动和巩固在此方面的国际共识。坚决反对任何国家借网络干涉别国内政，主张各国有权利和责任维护本国网络安全，通过国家法律和政策保障各方在网络空间的正当合法权益。网络空间加强军备、强化威慑的倾向不利于国际安全与战略互信。应致力于推动各方切实遵守和平解决争端、不使用或威胁使用武力等国际关系基本准则，建立磋商与调停机制，预防和避免冲突，防止网络空间成为新的战场。

（2）积极构建国际规则体系。网络空间作为新疆域，亟须制定相关规则和行为规范。各国应在联合国框架下制定世界普遍接受的网络空间国际规则和国家行为规范，确立国家及各行为体在网络空间应遵循的基本准则，规范各方行为，促进各国合作，以维护网络空间的安全、稳定与繁荣，支持并积极参与国际规则制定进程，并将继续与国际社会加强对话合作，做出自己的贡献。

（3）不断促进互联网公平治理。世界各国应主张通过国际社会平等参与和共同决策，构建多边、民主、透明的全球互联网治理体系。各国应享有平等参与互联网治理的权利。应公平分配互联网基础资源，共同管理互联网根服务器等关键信息基础设施。要确保相关国际进程的包容与开放，加强发展中国家的代表性和发言权。支持加强包括各国政府、国际组织、互联网企业、技术社群、民间机构、公民个人等各利益攸关方的沟通与合作。各利益攸关方应在上述治理模式中发挥与自身角色相匹配的作用，政府应在互联网治理特别是公共政策和安全中发挥关键主导作用，实现共同参与、科学管理、民主决策。

（4）切实保护公民合法权益。各国应支持互联网的自由与开放，充分尊重公民在网络空间的权利和基本自由，保障公众在网络空间的知情权、参与权、表达权、监督权，保护网络空间个人隐私。同时，网络空间不是"法外之地"，网络空间与现实社会一样，既要提倡自由，也要保持秩序。致力于推动网络空间有效治理，实现信息自由流动与国家安全、公共利益有机统一。

（5）大力促进数字经济合作。各国应秉持公平、开放、竞争的市场理念，在自身发展的同时，坚持合作和普惠原则，促进世界范围内投资和贸易发展，推动全球数字经济发展。中国主张推动国际社会公平、自由贸易，反对贸易壁垒和贸易保护主义，促进建立开放、安全的数字经济环境，确保互联网为经济发展和创新服务。进一步推动实现公平合理普遍的互联网接入、互联网技术的普及化、互联网语言的多样性，加强国家和地区在网络安全和信息技术方面的交流与合作，共同推进互联网技术的发展和创新，确保所有人都能平等分享数字红利，实现网络空间的可持续发展。

（6）共同打造网上文化交流平台。互联网是传播人类优秀文化、弘扬正能量的重要载体。网络空间是人类共同的精神家园。各国应加强合作，共同肩负起运用互联网传承优秀文化的重任，培育和发展积极向上的网络文化，发挥文化滋养人类、涵养社会、促进经济发展的重要作用，共同推动网络文明建设和网络文化繁荣发展。各国一道发挥互联网传播平台优势，通过互联网架设国际交流桥梁，促进各国优秀文化交流互鉴。加强网络文化传播能力建设，推动国际网络文化的多样性发展，丰富人们精神世界，促进人类文明进步。

3.1.4 国家总体网络战略与政策应突出维护世界网络空间安全

（1）网络空间安全是世界焦点。网络空间安全成为国家安全战略的重要组成部分是科技发展的必要要求。作为安全研究的一个分支，战略研究关注军事力量的运用，有着极其悠久的传统，毕竟军事安全是国家安全的核心。然而，长期以来，国家安全战略的视野关注的主要是陆、海、空、天等自然空间的军事安全，这与科技发展的进程密切相关。具体而言,蒸汽机的发明开启了国家安全之"海权论"，铁路的发明开启了国家安全之"陆权论"，飞机的发明开启了国家安全之"空权论"，人造卫星的发明开启了国家安全之"天权论"，直到互联网的问世，网络空间国家安全战略问题才逐渐引起人们的关注。

（2）共同维护网络空间新疆域。网络空间已经成为与陆地、海洋、天空、太空同等重要的人类活动新领域，国家主权拓展延伸到网络空间，网络空间主权成为国家主权的重要组成部分。尊重网络空间主权，维护网络安全，谋求共治，实现共赢，正在成为国际社会共识。网络电子空间作为国家安全的一个新的疆域，是与电子信息技术和网络技术的发展密切相关的。电子技术的突破所催生的电子战使人类军事较量进入到了第四维战场，它虽然不具备长、宽、高等传统物理概念，但其中却演绎着同样硝烟弥漫、血肉横飞、实实在在的战争。1969 年，在美国国防研究高级计划署（DARPA）的资助下，因特网的雏形，世界第一个网络——美军阿帕网宣告诞生。从军用延伸到民用，在 20 世纪 90 年代，因特网在全球范围内得到了异常迅速的发展。作为国家安全战略的重要关切对象，网络空间成了新一轮大国角逐的重要疆域。可以讲，在当今信息时代，谁控制了信息网络，谁就控制了政治、经济及军事较量的战略"制高点"。美国原国防部长助理、全球"软实力"理论的创立者约瑟夫 奈也说："信息网络将重新定义国家权力。"显然，在其看来，"制网权"将成为继"制陆权""制海权""制空权"及"制天权"之后大国战略较量的又一焦点。网络空间的技术性、虚拟性及广延性决定了其是一个异常复杂的国家安全新疆域。

（3）坚决维护世界网络和平发展。互联网等信息网络已经成为信息传播的新渠道、生产生活的新空间、经济发展的新引擎、文化繁荣的新载体、社会治理的新平台、交流合作的新纽带、国家主权的新疆域。随着信息技术深入发展，网络安全形势日益严峻，利用网络干涉他国内政以及大规模网络监控、窃密等活动严重危害国家政治安全和用户信息安全，关键信息基础设施遭受攻击破坏、发生重大安全事件严重危害国家经济安全和公共利益，网络谣言、颓废文化和淫秽、暴力、迷信等有害信息侵蚀文化安全和青少年身心健康，网络恐怖和违法犯罪大量存在，直接威胁人民生命财产安全、社会秩序，围绕网络空间资源控制权、规则制定权、战略主动权的国际竞争日趋激烈，网络空间军备竞赛挑战世界和平。必须坚持积极利用、科学发展、依法管理、确保安全，坚决维护网络安全，最大限度利用网络空间发展潜力，更好惠及世界人民，造福全人类，坚定维护世界和平。

3.2 科技创新力量——网络信息科技

3.2.1 网络信息科技是世界科技高地

网络信息科技是全球研发投入最集中、创新最活跃、应用最广泛、辐射带动作用最大的技术创新领域，是全球技术创新的竞争高地。网络信息技术就是指与计算机网络相关的信息技术。网络科技是指在程序语言的基础上，生成一系列的虚拟图片、图像、动画等，是网络运用、网络共享、网络服务的科技，网络使人们的生活、工作更加便利，从而帮助人类解决一系列的生存生产生活问题。我们一般说的信息技术大多就是与计算机相关的，但广义上并不完全等同，信息技术的概念范围要更大，甚至在哲学上它指能充分利用与扩展人类信息器官功能的各种方法、工具与技能的总和。当代网络信息技术的发展可谓日新月异，对于社会生产生活的影响广泛而深刻，甚至改变着全球经济格局、利益格局和安全格局。

3.2.2 网络信息科技的灵魂

网络信息科技的灵魂是核心芯片（SYSTEM ON A CHIP）技术。

芯片之于电脑，相当于大脑之于人类。芯片的重要性不言而喻，它是任何高端电子设备的核心器件。芯片是网络信息技术发展的根基，国产芯片在国产自主可控替代计划中始终是重要的角色。核心芯片是在信息技术领域起核心作用的集成电路，比如 CPU（中央处理器）、FPGA（可编程逻辑门阵列）等。

3.2.3 网络信息科技应用价值

网络信息科技只有应用于社会中才能够发挥其应有的价值，在重视网络信息科技创新的同时，应高度重视其应用。网络科技满足了当今社会各种网络需求，为人们提供了便利的条件，使人们的生活朝着更加信息化、网络化的方向发展。当今新型的网络营销就是网络信息科技应用的活跃地域。网络营销属于直属营销的一种方式，是企业营销实践与现代信息通讯技术、计算机网络技术相结合的产物，是企业以电子信息技术为基础，以计算机技术为媒介和手段进行的各种营销活动总称。网络营销是建立在互联网基础上，以营销型页面为载体发布产品信息，由营销人员利用专业的网络营销工具，面向广大网民开展一系列营销活动的新型营销方式。其主要特点是成本低、效率高、效果好。

3.3 设施建设力量——网络信息设施

网络信息科技一方面生成软件技术，另一方面创造软件在其中发挥作用的硬件设施，两者是相辅相成的，缺一不可。

3.3.1 网络信息基础设施

信息基础设施主要指光缆、微波、卫星、移动通信等网络设备设施，既是国家和军队信息化建设的基础支撑，也是保证社会生产和人民生活基本设施的重要组成部分。信息基础设施的建设特点是投资量大、建设周期长、通用性强，并具有一定的公益性，也更具有军民共用的性质。

信息基础设施就相当于是信息的高速公路，是保障信息技术蓬勃发展的基础建筑和物质基础。美国第 45 届副总统阿尔·戈尔曾经反复强调：完善的信息基础设施建立起来的信息高速公路，是掌握未来世界先机的枢纽。信息基础设施一般是指为满足信息产业发展和人们信息服务需要的基础设施，包括遍布全世界的通信管网、无线电基站、中继设备、各级机房及配套的电源、建筑等设施。信息基础设施是当今经济社会发展的战略性公共基础设施，受到各国政府的重视，美国在 20 世纪 90 年代初即提出建设国家信息基础设施。

网络信息基础设施是网络和信息化各领域开展建设和应用的前提和基础，同时也是信息化水平的一个体现。随着信息通信技术的发展和创新，网络信息基础设施也在不断向新的方向发展。世界主要国家纷纷制定国家网络信息战略。例如，美国《国家宽带计划》提出用十年将普遍服务基金规模提升到 155 亿美元。印度《关于推进国家宽带计划的建议》提出尤其是要普及农村宽带。同时，美国、德国、英国、韩国等国家还将建设智能电网、智能交通等智能基础设施作为刺激经济振兴的优先战略行动。

3.3.2 关键信息基础设施

关键信息基础设施是指公共通信和信息服务、能源、交通、水利、金融、公共服务、电子政务等重要行业和领域，包括社会所依赖的物理网络系统，包括电网、净水系统、交通信号灯以及医院系统等。例如，发电厂联网后就会很容易遭受网络攻击。负责关键基础设施的组织的解决方案是执行尽职调查，以确保了解这些漏洞并对其进行防范。其他所有人也都应该对其所依赖的关键基础设施在遭遇网络攻击后会造成的影响进行评估，并制定应急计划。全球或国家信息基础设施中维系关键基础设施服务持续运转的这一部分，被称作关键信息基础设施（CII）。关键基础设施保护（CIP）所涉及的范围要广于关键信息基础设施保护（CIIP），而 CIIP 是 CIP 的基本组成部分。这两个概念之间明显的区别在于：CIP 牵涉到一个国家基础设施的所有关键部门，而 CIIP 仅仅是全面保护工作的一个分支，因为它侧重于保护关键信息基础设施，一般而言，CIIP 是全球或国家信息基础设施的组成部分，是确保一个国家关键基础设施服务得以持续运转的不可或缺的要素。CIIP 在很大程度上由信息和电信部门构成，但又并非仅仅包含信息和电信部门，还包括电信、计算机 / 软件、互联网、卫星、光纤等组成部分。CIIP 保护之所以特别重要，主要有两点原因：第一，它们在经济部门中扮演着价值不可估量而且越来越重要的角色；第二，它们在基础设施部门与保证其他基础设施随时运转的基本要求之间扮演着连接渠道的角色。

对于任何国家而言，现今工业化世界的生存全都离不开电力、通信和计算机这三者的交互作用。尤其是发达国家，严重依赖关键基础设施，而关键基础设施又极易受到传统的物理破坏和新兴的虚拟威胁。这些基础设施的脆弱性是伴随着相互依赖程度的增加而出现的。由于大多数关键基础设施要么建立在脆弱的网络系统上，要么受网络信息系统的监视和控制，因此，网络基础设施成为了保护策略的一个新焦点。

3.3.3 网络信息战略设施

网络信息战略设施包括两大方面，一方面是指基于战争、重大灾害与风险利于储备的网络信息设施，平时处于封闭状态，一旦遭遇重大事变能够及时启用，发挥作用；另一方面是指对长远的网络信息设施进行先置布局、超前谋划，使之走在前列。比如，有的专家建议国家将 5G 网络建设纳入新的国家重大战略性基础设施建设。力争在两年内率先在人口密集的粤港澳大湾区、长三角、京津冀等超大型城市群完成 5G 网络全覆盖，用 5G 技术把单位带宽成本降低为 4G 网络的 1/10，同时，国家大力补贴端到端的带宽成本，大幅度刺激人工智能覆盖、大数据、云计算的应用发展。以此加速建设以数字化实时动态目标为核心的人工智能覆盖网络，推进数字化革命的最后一公里，发展基于人工智能覆盖网络的社会综合治理、企业运营与治理、商业服务、金融、教育、医疗、智能制造生产等全方位变革，极大提升全社会运行效率。

3.4 经费投入力量——网络信息研发投资

考察近两年网络信息研发投资，可以看出这已经成为主导和影响网络力量的显位因素。

3.4.1 研发经费投入范围

R&D 经费指全社会研究与试验发展经费。研究与试验发展（R&D）经费支出指统计年度内全社会实际用于基础研究、应用研究和试验发展的经费支出。包括实际用于研究与试验发展活动的人员劳务费、原材料费、固定资产购建费、管理费及其他费用支出。基础研究指为了获得关于现象和可观察事实的基本原理的新知识（揭示客观事物的本质、运动规律，获得新发展、新学说）而进行的实验性或理论性研究，它不以任何专门或特定的应用或使用为目的。应用研究指为了确定基础研究成果可能的用途，或是为达到预定的目标探索应采取的新方法（原理性）或新途径而进行的创造性研究。应用研究主要针对某一特定的目的或目标。试验发展指利用从基础研究、应用研究和实际经验所获得的现有知识，为产生新的产品、材料和装置，建立新的工艺、系统和服务，以及对已产生和建立的上述各项作实质性的改进而进行的系统性工作。研究与试验发展（R&D）经费投入强度指全社会研究与试验发展（R&D）经费支出与国内生产总值（GDP）之比；产业部门研究与试验发展经费投入强度指产业部门的研究与试验发展（R&D）经费支出与其主营业务收入之比。财政科技拨款指统计年度内由各级财政部门拨付的直接用于科技活动的款项，包括科学事业费、科技三项费、科研基建费及其他科研事业费。

3.4.2 2018 年全球研发投入排行显示网络信息研发占有较大份额

2018 年全球企业研发投入排行榜中，三星以 134 亿欧元的研发费用位居第一。美国在前 50 的榜单中占领席位最多，有 22 个。德国位居其次，占领 9 席。

排名	公司名称	国家	2017/18 研发费用（十亿欧元）	研发强度	2004-2018年排名变化
1	三星	韩国	13.4	25.3%	↑32
2	Alphabet	美国	13.4	3.6%	↑>200
3	大众	德国	13.1	17.5%	↑5
4	微软	美国	12.3	5.1%	↑9

5	华为	中国	11.3	19.1%	↑ > 200
6	英特尔	美国	10.9	14.1%	↑ 8
7	苹果	美国	9.7	6.2%	↑ 97
8	罗氏	瑞士	8.9	5.0%	↑ 10
9	强生	美国	8.8	7.9%	↑ 3
10	戴姆勒	德国	8.7	6.7%	↓ 7

图 3-1　2018 年全球企业研发投入排行榜

3.4.3 近两年全球创新公司研发不断攀升

根据普华永道（PwC）旗下全球战略咨询团队思略特（Strategy&）对全球 1000 家上市公司的研究，2017 年度（2016 财年）全球 1000 强创新公司（The Global Innovation 1000）研发支出（R&D spenders）总额比上年增长 3.2%，达到 7016 亿美元。软件和互联网行业继续保持增长，亚马逊首次成为研发投入总额最高的公司，达到 161 亿美元。以下是全球 1000 大创新公司中研发投入名列前 20 名的公司。

表 3-1　全球 1000 强创新公司中研发投入前 20 名

排名	公司	总部所在区域	行业	研发投入/公司营收/研发比重
1	亚马逊	北美	软件和互联网	161 亿美元 /1360 亿美元 /11.8%
2	Alphabet Inc.	北美	软件和互联网	139 亿美元 /903 亿美元 /15.5%
3	英特尔	北美	计算机和电子	127 亿美元 /594 亿美元 /21.5%
4	三星电子	韩国	计算机和电子	127 亿美元 /1677 亿美元 /7.6%
5	大众	欧洲	汽车	121 亿美元 /2294 亿美元 /5.3%
6	微软	北美	软件和互联网	120 亿美元 /853 亿美元 /14.1%
7	罗氏	欧洲	保健	114 亿美元 /518 亿美元 /21.9%
8	默克（默沙东）	北美	保健	101 亿美元 /398 亿美元 /25.4%
9	苹果	北美	计算机和电子	100 亿美元 /2156 亿美元 /4.7%
10	诺华	欧洲	保健	96 亿美元 /494 亿美元 /19.4%
11	丰田汽车	日本	汽车	93 亿美元 /2475 亿美元 /3.8%
12	强生	北美	保健	91 亿美元 /719 亿美元 /12.7%
13	通用汽车	北美	汽车	81 亿美元 /1664 亿美元 /4.9%
14	辉瑞	北美	保健	79 亿美元 /528 亿美元 /14.9%
15	福特汽车	北美	汽车	73 亿美元 /1518 亿美元 /4.8%
16	戴姆勒	欧洲	汽车	69 亿美元 /1618 亿美元 /4.2%
17	甲骨文	北美	软件和互联网	68 亿美元 /377 亿美元 /18.1%
18	思科	北美	计算机和电子	63 亿美元 /492 亿美元 /12.8%

续表

排名	公司	总部所在区域	行业	研发投入/公司营收/研发比重
19	本田汽车	日本	汽车	62 亿美元 /1256 亿美元 /4.9%
20	脸谱（Facebook）	北美	软件和互联网	59 亿美元 /276 亿美元 /21.4%

3.4.4 2018 年中国互联网企业百强榜单

2018 年中国互联网企业 100 强榜单和《2018 年中国互联网企业 100 强发展报告》已正式发布。据 2018 年中国互联网企业 100 强榜单显示：进入榜单前十的互联网企业分别是：阿里巴巴集团、深圳市腾讯计算机系统有限公司、百度公司、京东集团、网易集团、新浪公司、搜狐公司、美团点评集团、360 科技有限公司、小米集团。其中，阿里巴巴位列榜首。

数据显示，互联网百强企业整体实力大幅提升，对信息消费的带动作用显著增强。2017 年互联网百强企业的互联网业务总收入达到了 1.72 万亿元。其中，23 家企业互联网业务收入超 100 亿元，收入在 20 亿元以下的企业为 42 家；互联网百强企业 2017 年互联网业务收入占我国信息消费的比重高达 37.78%，比上年提高了 10.35 个百分点，带动信息消费增长 14.48%，贡献率比上年提升 5.74 个百分点，对经济增长的贡献进一步提升。其中，排在前两名的阿里巴巴集团和腾讯集团的互联网业务收入达到 4646.73 亿元，占互联网百强企业互联网业务收入超过 25%；前五名企业互联网业务收入达到 9647.68 亿元，占百强企业互联网业务收入超过 50%。

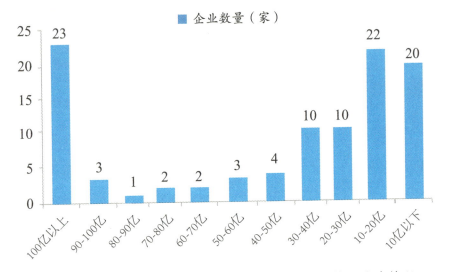

图 3-2　中国互联网百强企业 2017 年互联网业务收入分布情况

（数据来源：工信部、中商产业研究院）

从科研投入情况来看：互联网百强企业坚持创新驱动发展战略，加大科研投入，不断提升关键核心技术创新能力。2017 年，互联网百强企业的研发投入突破千亿，达到 1060.1 亿元，同比增长 41.4%，平均研发强度达到 9.6%，比我国研发经费投入强度高出 7.48 个百分点。同时，互联网百强企业作为技术创新人才的集聚高地，汇聚了一大批优秀的科研创新人才，2017 年，互联网百强企业研发人员达到了 19.7 万人，研发人员占比 19.4%，有力带动高新技术人才的人才培养和就业，产生了积极的社会效应。此外，从各企业科研投入来看，互联网百强企业中 90 家企业科研投入在 0-20 亿之间，20-60 亿之间的有 6 家，100 亿以上的仅有两家。

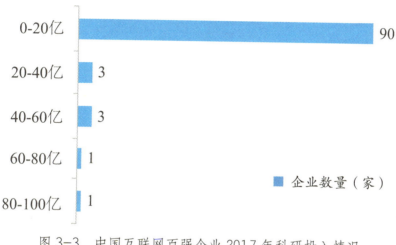

图 3-3 中国互联网百强企业 2017 年科研投入情况

（数据来源：工信部）

互联网百强企业专注前沿技术创新，不断突破核心技术，加快推进技术创新步伐，一批技术已进入国际市场第一方阵。据数据显示：2017 年，互联网百强企业拥有专利数超过 2.2 万项，其中发明专利数量超过 1.3 万项。目前，互联网百强企业在人工智能、大数据、云计算、区块链等新技术领域取得了丰硕的成果，新技术产业化步伐加速。

3.5 产业生长力量——网信产业

网络安全与信息化产业简称网信产业，包括信息技术产业、互联网产业、网络运营产业、网络安全产业，是一个国家网络力量的支柱，直接影响和决定着网力水平与层次。

3.5.1 信息技术产业

信息技术产业是信息时代的支柱产业。信息技术产业，又称信息产业，它是运用信息手段和技术，收集、整理、储存、传递信息情报，提供信息服务，并提供相应的信息手段、信息技术等服务的产业。信息技术产业包含：从事信息的生产、流通和销售信息以及利用信息提供服务的产业部门。

信息技术产业主要包括三个产业部门：一是信息处理和服务产业，该行业的特点是利用现代的电子计算机系统收集、加工、整理、储存信息，为各行业提供各种各样的信息服务，如计算机中心、信息中心和咨询公司等。二是信息处理设备行业，该行业特点是从事电子计算机的研究和生产（包括相关机器的硬件制造）、计算机的软件开发等活动，计算机制造公司、软件开发公司等可算作这一行业。

三是信息传递中介行业，该行业的特点是运用现代化的信息传递中介，将信息及时、准确、完整地传到目的地。因此，印刷业、出版业、新闻广播业、通讯邮电业、广告业都可归入其中。信息产业又可分为一次信息产业和二次信息产业，前者包括：传统的传递信息情报的商品与服务手段，后者指为政府、企业及个人等内部消费者提供的服务。

信息技术产业的特征是：信息技术产业是新兴的产业，它建立在现代科学理论和科学技术基础之上，采用了先进的理论和通讯技术，是一门带有高科技性质的服务性产业。信息产业的发展对整个国民经济的发展意义重大，信息产业通过它的活动使经济信息的传递更加及时、准确、全面，有利于各产业提高劳动生产率；信息技术产业加速了科学技术的传递速度，缩短了科学技术从创制到应用于生产领域的距离；信息产业的发展推动了技术密集型产业的发展，有利于国民经济结构上的调整。

信息技术产业作为一个新兴的产业部门，其内涵和外延都会随着该产业的不断扩大和成熟而扩大与变动。自弗里兹·马克卢普首次提出知识产业的概念以来，各国学者都先后对信息产业的概念和范围等问题进行了广泛的理论探讨。但是由于人们处于不同的研究目的和角度，关于信息产业的概念问题仍然是众说纷纭。

美国商务部按照该国 1987 年《标准产业分类》，在其发布的《数字经济 2000 年》中给出的信息技术产业的定义是：信息产业应该由硬件业、软件业和服务业、通讯设备制造业以及通讯服务业四部分内容组成。美国信息产业协会（AIIA）给信息产业的定义是：信息产业是依靠新的信息技术和信息处理的创新手段，制造和提供信息产品、信息服务的生产活动的组合。北美自由贸易区（美国、加拿大、墨西哥三国）在他们于 1997 年联合制定的《北美产业分类体系》（简称 NAICS）中，首次将信息产业作为一个独立的产业部门规定下来。该体系规定，信息产业作为一个独立而完整的部门应该包括以下单位：生产与发布信息和文化产品的单位；提供方法和手段，传输与发布这些产品的单位；信息服务和数据处理的单位。具体包括出版业、电影和音像业、广播电视和电讯业、信息和数据处理服务业等四种行业。

3.5.2 互联网产业

互联网产业一般是指以现代新兴的互联网技术为基础，专门从事网络资源搜集和互联网信息技术的研究、开发、利用、生产、贮存、传递和营销信息商品，可为经济发展提供有效服务的综合性生产活动的产业集合体，是现阶段国民经济结构的基本组成部分。互联网产业特点有以下几点：

信息数字化。信息资源传递由纸张上的文字变为磁性介质上的电磁信号或者光介质上的光信息，使信息的存储和传递、查询更加方便，而且所存储的信息密度高，容量大，可以无损耗地被重复使用。

以数字化形式存在的信息，既可以在计算机内高速处理，又可以通过信息网络进行远距离传送。

表现形式多样化。互联网表现形式可以是文本、图像、音频、视频、软件、数据库等多种形式存在的，涉及领域从经济、科研、教育、艺术到具体的行业和个体等。

以网络为传播媒介。互联网产业的信息的存在是以网络为载体，以虚拟化的姿势状态展示的，人们得到的是网络上的信息，而不必过问信息是存储在磁盘上还是磁带上的。这体现了网络资源的社会性和共享性。

数量巨大，增长迅速。CNNIC 一年两次发布的《中国互联网络发展状况统计报告》，全面反映和分析了中国互联网络发展状况。从报告中可以看出，2010 年 12 月 31 日，我国网民数量为 4.57 亿；域名注册量为 8656525 个，网站数量达到了 1908122 个。短短几年时间，增长速度很快，据中国网络空间研究院发布的《2018 年中国互联网发展报告》显示，截至 2018 年 6 月，中国固定宽带接入用户总数达 3.78 亿户，其中光纤接入用户总数达 3.28 亿户，中国网民达 8.02 亿，互联网普及率达 57.7%，网站数量达 544 万个。

传播方式的动态性。互联网环境下，信息的传递和反馈快速灵敏，具有动态性和实时性等特点。信息在网络中的流动性非常迅速，电子流取代恶劣纸张和邮政的物流，加上无线电和卫星通讯技术的充分运用，上传到网上的任何信息资源，都只需要短短的数秒钟就能传递到世界各地的每一个角落。

信息源复杂。互联网的网络共享性与开放性使得人人都可以在互联网上索取和存放信息，由于没有质量控制和管理机制，这些信息没有经过严格编辑和整理，良莠不齐，各种不良和无用的信息大量充斥在网络上，形成了一个纷繁复杂的信息世界，给用户选择、利用网络信息带来了障碍。

3.5.3 网络运营产业

网络运营产业是基于互联网和信息技术生成的新型产业。网络运营门槛较低，通过快速学习就可以实现就业，也因此成为非常有前景的一个行业。

网络运营产业需求大。几乎所有的互联网公司都成立有专门的互联网运营部门，不管是大型的互联网公司，还是中小型的互联网公司，都设置互联网运营这样一个职位，不过现阶段很多人对互联网运营缺乏了解，专业人才更是缺失，互联网运营行业里面人才与需求严重不平衡，互联网市场规模越来越大，互联网运营的就业前景是非常广阔的，呈逐年增长的趋势。

网络运营涉及行业广泛。与互联网运营相关的行业主要有 SEO、SEM 新媒体的运营、电商运营、网站建设等，其中以新媒体的运用和电商运营最让人们所熟悉。

网络运营的发展前景广阔。许多人由于对互联网运营了解不深，所以只是简单地用薪酬来衡量互联网运营人员与互联网技术人员之间的优劣，认为技术人员开始的薪酬要高于运营人员，其实这种看法是片面的，由于互联网运营需要长期的工作经验积累，所以开始工作时可能薪酬要低一点，但是因为互联网运营人才缺口大，升职的机会是非常多的，薪酬结构会不断进行调整，从长远来看，要远远优于技术人员的待遇。

3.5.4 网络安全产业

网络安全，也称为网络空间安全（Cyberspace Security，或简称Cybersecurity），它关注网络空间中的安全威胁和防护问题，即在有敌手（adversary）的对抗环境下，研究信息在产生、传输、存储、处理的各个环节中所面临的威胁和防御措施以及网络和系统本身的威胁和防护机制。网络安全不仅仅包括传统信息安全所研究的信息保密性、完整性和可用性，同时还包括构成网络空间基础设施的安全性和可信性。

相应地，网络安全产业是指提供网络安全硬件、软件和服务的产业部门的总称。一般来讲，社会经济生活中专门从事网络安全相关技术开发、设备、产品的研制生产以及提供网络安全服务的企业、科研机构、第三方培训认证机构、媒体平台、行业协会都是网络安全产业集群的组成部分。网络安全产业和信息产业密不可分，二者相互影响、相互渗透、相互促进，但其重要性和地位日益突出，因此将其单独作为研究对象。

网络安全产业发展评价指标体系共包括 5 个一级指标，13 个二级指标，涵盖整体发展环境、企业实力、综合技术能力、人才储备与培养和市场环境等网络安全产业的关键领域。

表 3-2　网络安全产业发展评价指标体系

序号	一级指标	二级指标	评估方法
1	整体发展环境	国家政策支持	主要反映国家对网络安全的发展战略、政策及落地情况
2	企业实力	龙头企业规模	对比各国已上市且年收入排名前三的企业实力
		企业创新力	对比各国企业在全球当前最热门、最具创新力的网络安全公司的数量
		产品国际竞争力	对比各国网络安全产品的国际竞争力
3	综合技术能力	学术论文数量	对比各国网络安全方面的学术研究水平
		漏洞挖掘能力	对比各国安全人员漏洞挖掘能力
		APT 研究水平	对比各国 APT 研究水平
		国际网络安全竞赛成绩	对比各国安全人才实力

续表

序号	一级指标	二级指标	评估方法
4	人才储备与培养	政府重视程度	对比各国对网络安全人才队伍建设的重视程度
		高校学科建设及教育水平	对比各国高校网络安全人才教育水平
		专业技能证书数量	专业安全技能证书的人员数量
		人才培养配套措施	主要从国家及市场配套措施方面进行评估
5	市场环境	市场环境	主要从市场开放程度、市场规范程度、专利保护、风险投资对网络安全厂商关注度等若干方面进行评估

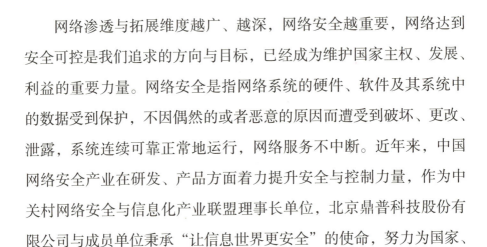

3.6 安全与控制力量——网络安全

　　网络渗透与拓展维度越广、越深，网络安全越重要，网络达到安全可控是我们追求的方向与目标，已经成为维护国家主权、发展、利益的重要力量。网络安全是指网络系统的硬件、软件及其系统中的数据受到保护，不因偶然的或者恶意的原因而遭受到破坏、更改、泄露，系统连续可靠正常地运行，网络服务不中断。近年来，中国网络安全产业在研发、产品方面着力提升安全与控制力量，作为中关村网络安全与信息化产业联盟理事长单位，北京鼎普科技股份有限公司与成员单位秉承"让信息世界更安全"的使命，努力为国家、军队、社会提供网络安全服务。

3.6.1 网络安全与控制力量的基本特征

　　保密是力量之基础。信息不泄露给非授权用户、实体或过程，或供其利用的特性。

　　数据完整是力量的核心要素。数据未经授权不能进行改变的特性。即信息在存储或传输过程中保持不被修改、不被破坏和丢失的特性。

可用是力量的价值所在。可被授权实体访问并按需求使用的特性。即当需要时能否存取所需的信息。例如网络环境下拒绝服务、破坏网络和有关系统的正常运行等都属于对可用性的攻击。

可控是力量的顶层体现。对信息的传播及内容具有控制能力。

可审查是力量的技术要求。出现安全问题时提供依据与手段。

目的是力量始终解决现实课题。从网络运行和管理者角度来说，希望对本地网络信息的访问、读写等操作受到保护和控制，避免出现"陷门"、病毒、非法存取、拒绝服务和网络资源非法占用和非法控制等威胁，制止和防御网络黑客的攻击。对安全保密部门来说，他们希望对非法的、有害的或涉及国家机密的信息进行过滤和防堵，避免机要信息泄露，避免对社会产生危害，对国家造成巨大损失。

层级是力量结构的重要体现。在系统处理能力提高的同时，系统的连接能力也在不断提高。但在连接能力信息、流通能力提高的同时，基于网络连接的安全问题也日益突出，整体的网络安全主要表现在以下几个方面：网络的物理安全、网络拓扑结构安全、网络系统安全、应用系统安全和网络管理的安全等。

3.6.2 网络安全与控制力量的主体

网络安全与控制力量的主体是网络安全产品。没有产品力量就是空虚的，就如海市蜃楼。网络安全产品有以下几大特点：第一，网络安全来源于安全策略与技术的多样化，如果采用一种统一的技术和策略也就不安全了；第二，网络的安全机制与技术要不断地变化；第三，随着网络在社会各方面的延伸，进入网络的手段也越来越多，因此，网络安全技术是一个十分复杂的系统工程。建立有中国特色的网络安全体系，需要国家政策和法规的支持，集团联合研究开发安全与反安全就像矛盾的两个方面，总是不断地向上攀升，所以安全产业将来也是一个随着新技术发展而不断发展的产业。网络安全产品自身安全的防护技术是网络安全的关键，一个自身不安全的设备不仅不能保护被保护的网络，一旦被入侵，反而会变为入侵者进一步入侵的平台。

3.6.3 网络安全与控制力量的市场状态

2014 年全球网络安全市场规模有望达到 956 亿美元（约合人民币 5951.3 亿元），随后 5 年，年复合增长率达到 10.3%。2019 年，这一数据将达到 1557.4 亿美元（约合人民币 9695.1 亿元）。其中，到 2019 年，全球无线网络安全市场规模将达到 155.5 亿美元（约合人民币 969.3 亿元），年复合增长率约 12.94%。

从行业来看，航空航天、国防等领域仍将是网络安全市场的主要推动力量。从地区收益来看，北美地区将是最大的市场。同时，亚太地区、中东和非洲地区有望在一定的时机呈现更快的增长速度。云服务的快速普及、无线通讯、公共事业行业的网络犯罪增加以及严格的政府监管措施出台都是这一市场发展的主要因素。因此，今后批准的网络安全解决方案将不断增加以防范和打击专业对手创造的先进和复杂的威胁内容。此外，由于网络犯罪逐渐增长导致智力及金融资产损失，并可能损害国家的基础设施和经济，因此云服务提供商和垂直行业，如能源、石油和天然气等都将加大网络安全解决方案的投入。

3.6.4 网络安全与控制力量的重要性

涉及国家安全。网络安全和信息化首先关乎国家安全。2018 年初，美国政府多次以安全为由，不允许美国本土的移动运营商销售华为手机。这是一个号称"自由市场"的国家，政府却干预市场规则。原因何在？害怕华为即将推出的 5G 网络会威胁他们的数据安全。

影响经济社会稳定。网络安全还影响经济和社会的稳定，处理不好可能造成社会动荡。2011 年，日本大地震后产生了海啸，造成福岛核电站核泄漏。从当年 3 月开始，海水被核辐射污染的传言开始在网上发酵，浙江、广东、上海、山东、江苏、湖北、四川等全国各地出现了一波又一波食盐抢购潮，多数超市货架上的食盐被抢购一空，造成了人心恐慌。有些网络信息专门针对辨识能力不足的青少年进行传播，如黄色信息、暴力影像、不良游戏……还有一些似是而非、扮着"学术"面纱的信息，实则宣传历史虚无、诋毁民族英雄、鄙视传统文化，对青少年价值观产生不良影响。

侵犯人民群众利益。网络是把双刃剑：在常人手中，便于信息的获取和传播；而到了别有用心的人手中，就成了侵犯人民群众利益的工具。网络黑客就是一类别有用心的人。2017 年，一种名为"勒索病毒"的电脑病毒通过邮件、程序木马、网页挂马的形式在全网传播。用户文件一旦感染这个病毒，即被锁定，必须拿到解密的私钥才有可能破解。而拿到私钥的方法就是付费解锁，相当于"勒索"。这种病毒对用户财产和手机安全均造成严重威胁。

3.6.5 2018 年网络安全与力量典型方式、手段

电子邮件仍然是一种流行的攻击媒。电子邮件是最受欢迎的威胁媒介之一，它越来越多地被网络犯罪分子用作网络钓鱼、恶意软件和企业电子邮件泄露（BEC）诈骗的媒介。根据 2018 年电子邮件安全趋势报告，93% 的漏洞包括网络钓鱼（或鱼叉式网络钓鱼）元素。

数据泄露成为焦点。根据身份盗窃资源中心（ITRC）统计，到目前为止，2018 年已有多达 1100 多个数据泄露事件，总计达到 561700000 个暴露记录。由 Ponemon Institute 和 IBM 安全机构赞助的 2018 年数据泄露研究成本发现，数据泄露的全球平均成本现在为 390 万美元，比 2017 年增加了 6%。

勒索软件攻击仍然值得关注。勒索软件在 2017 年占据了网络威胁榜首，其中 WannaCry 和 NotPetya 尤为引人注目。2018 年的勒索攻击频率有所降低。卡巴斯基的勒索软件和 Malious Cryptominers 2016-2018 报告显示，勒索软件感染在过去 12 个月下降了近 30%，

加密货币开采同期增长了 44.5%。

Cryptomining 恶意软件迅速发展。根据 2018 年 Check Point 的网络攻击趋势分析：42% 的组织在 2018 年上半年受到加密恶意软件的影响，而 2017 年下半年这一数字则为 20.5%。如上所述，它甚至超过了勒索软件作为 2018 年最大的网络安全威胁。事实上，2018 年上半年发现的三大最常见恶意软件变种都是加密货币矿工。

新的数据安全立法。美国和欧洲的新隐私法，例如通用数据保护条例（GDPR）和加州消费者隐私法案（CCPA）迄今为止一直占据着头条新闻。虽然它们并不完全相似，但它们都致力于保护消费者对隐私的需求以及对个人信息的控制。

网络安全人才缺口扩大。根据最近的估计，到 2021 年，网络安全行业将有多达 350 万个空缺职位。人才严重短缺使许多组织陷入困境，因为很难找到优秀的安全工程师。当然，犯罪分子也会瞄准利用那些无法预防、检测和应对网络攻击的人员短缺的组织，以便乘虚而入。

智能并不一定意味着安全。目前的物联网网络安全状况不容乐观。过去曾出现可怕的黑客攻击，消费者正逐渐意识到保护物联网系统面临的独特挑战。但是与此同时，物联网硬件供应商的响应速度仍然很慢。

3.7 国家秘密保护力量——网络信息保密科技

伴随着信息技术发展，国家保密网络科技日益成为国家秘密保护的关键领域，成为网络力量的重要组成部分。

3.7.1 世界各国高度重视国家秘密网络保护力量建设

随着全球信息化步伐的不断加快，计算机网络信息技术在公共部门的应用越来越广泛，计算机网络在公共部门发挥的作用也越来越重要。同时，计算机网络信息安全同样受到了各种因素的威胁，世界各国都把计算机网络信息保密安全作为重要力量构成建设。近年来，世界公共部门发生的失泄密案件，均与计算机网络有着密切的联系。从当前情况看，计算机网络技术的迅猛发展，既给公共部门提高工作效率、加强自身建设带来了重要的机遇，也给公共部门信息安全、保密安全带来了严峻的挑战。网络信息化时代的快速发展，对信息安全保密工作提出了严峻挑战。当今社会，网络信息的安全和保密问题是世界各国政府、企业以及相关网络行业都非常重视的一个问题。在实际工作中，由于信息泄密造成国家利益和经济损失的案例只增不减，这就使得信息安全保密工作变得十分重要和紧迫。

美国隐私权项目与 Paul M.Schwartz 教授合作形成的《全球信息保密管理：在网络环境下的跨境信息流》报告，基于一系列结构化自我报告案例研究，介绍了六家公司计划及实施跨国个人信息保护的方案，展示了私人企业中国际信息安全的巨大变革，集中表现为三个方面：规模的改变，信息处理的转变，信息管理的转变。该报告提出，要致力于将案例研究与相关信息保护法政策研究有机结合，以寻求新的解决方案，其关键在于重视各项法规的具体实施，以及如何保证强有力的执行。

欧盟、美国等聚焦个人信息保护，对涉及个人信息的网络设备及其提供方提出新的监管要求。欧盟《通用数据保护条例》（GDPR）于 2018 年 5 月生效，并强制执行。GDPR 被称为"史上最严"的数据保护法律法规，企业如违反 GDPR 条例的相关要求，处罚措施非常严厉，轻者处以 1000 万欧元或者上一年度全球营业收入的 2%，两者取其高；重者处以 2000 万欧元或者企业上一年度全球营业收入的 4%，两者取其高。美国（加州）2018 年 6 月通过并签署了《2018 加州消费者隐私法案》，法案定于 2020 年 1 月 1 日生效，被称为"全美最严"网络隐私保护法。该法案要求掌握超过 5 万人信息的公司必须允许用户查阅自己被收集的数据、要求删除数据以及选择不将数据出售给第三方。

3.7.2 网络信息保密技术力量构成

保密网络信息技术包括保密防护技术和发现（检测）泄密或窃密技术。保密防护技术可分为涉密载体保密技术和涉密信息保密技术。

信息传输保密技术。包括信息传输信道保护措施，如专网通信技术、跳频通信技术、扩展频谱通信技术、光纤通信技术、辐射屏蔽与干扰技术等，以增加窃听的难度。信息传输保密技术还包括密码技术，使窃听者即使截获信息也无法知悉其真实内容。

全生命周期保密技术。这类技术主要对涉密信息或隐私信息的处理过程和传输过程实施保护，使之不被非法入侵、外传、窃听、干扰、破坏、拷贝等。信息保密处理包括加密保护技术、审计跟踪技术、签名认证技术、网络保密技术等，其中网络保密技术包括安全网关、安全路由器、防火墙、入侵检测、漏洞扫描、病毒防御等。

泄密发现技术。这类技术又叫保密检测技术，检查、测试秘密发生泄漏的隐患，并找到泄漏的原因或渠道。这类技术不同于保密防范技术，不具备直接保密的功能。它是通过技术手段检查、测试、验证秘密信息是否被泄漏或能否被窃取，并查明原因和漏洞。如移动通信泄密检测技术、网络系统信息传输检测技术、电子邮件监视技术、电磁泄密辐射检测技术、屏蔽效果检测技术、磁介质消磁效果验证技术、密码检测技术等。这类技术实际上是将窃密技术手段用于保密目的，为保密防范技术的应用、改进、开发和发展提供依据，它是保密防范技术的重要补充，也是保密检查的重要手段。

涉密载体保密技术。这类技术主要是对有形的涉密信息载体实施保护，使之不被窃取、复制或丢失。如硬盘信息消除技术、防窃防盗报警技术、防复制复印技术、文件粉碎机、密码锁、指纹锁等。

3.7.3 针对国家秘密的网络攻击趋于技术底层化和规模化

从网络攻击的发展趋势来看，网络攻击范围和目标不断扩大，采用的技术手段不断升级，产生的后果从破坏网络设施到影响国家政权。网络安全攻击最早针对个体的服务器或局域网，现在已有大量全球化规模的 DDoS 攻击网络，攻击目标也遍布世界各国。从攻击事件的性质上看，网络攻击已经从单纯的破坏进化到获取经济利益、国家情报甚至颠覆政权。Facebook 公司泄露个人信息，这些包含个人信息的数据被分析利用导致影响美国大选就是一个典型的案例。

分析近年来的重大网络安全事件，均显示网络设备在网络安全攻防体系中的战略地位十分重要。2013 年,斯诺登披露的"棱镜计划"表明核心路由器等网络设备是实施网络监听的重要攻击目标。2015年 9 月国外安全公司 FireEye 发现针对路由器的植入式后门，涉及Cisco1841l/Cisco2811/Cisco3825 路由器及其他常见型号。这个后门被命名为 SYNKnock，可能是因为后门的网络控制功能（CnC）会通过一个特殊的 TCPSYN 包来触发。在乌克兰、菲律宾、墨西哥和印度这 4 个国家中至少有 14 个类似的植入后门在传播。2016 年，美国和德国接连发生大规模断网事件，安全研究人员发现是由 Mirai 僵尸网络通过物联网（IoT）设备如网络摄像头、路由器、DVR、恒温器等展开一系列攻击导致的。2017 年至 2018 年，Intel 公司接连被披露部分 CPU 产品存在安全漏洞，攻击者可利用漏洞实施攻击，获取核心内存里存储的敏感内容，比如访问到设备的内存数据，包括用户账号密码、应用程序文件、文件缓存等。由此可见，网络攻击不再聚焦在应用层，类似 CPU 等更加底层的组件也成为网络攻击者的目标。

3.8 军事作战力量——国防与军队网络信息化

信息时代的战争不再只关乎部署坦克和大炮、战斗机、炸弹和士兵，新型的网络病毒开启了一个战争新时代。对关键基础设施的网络攻击，其破坏效果甚至能超越传统意义上的战争。有核国家几乎不可能动用核武器，但是网络攻击在目前却接近于不受任何约束。WannaCry 是一种新型的网络病毒，中文译名为"想哭"。2017 年 5 月，"想哭"曾在 48 小时内横扫了 100 多个国家 / 地区内的众多组织机构，最后有数十万台电脑受到感染。欧美情报机构称，"想哭"的毒性可能继续升级。黑客还袭击了核电站和石油系统等关键信息基础设施。近年来，这已经发生在伊朗、美国、韩国和沙特等国家身上。

3.8.1 信息时代形成网络作战的军事力量

网络战是一种黑客行为或国家的军事行为，它通过破坏对方的计算机网络和系统，刺探机密信息达到自身的政治目的、军事目的。它是信息战的一种形式，虽然网上战主要是指瘫痪网站的行为，但也有配合透过网上评论员来实施心战喊话的做法，甚至来影响选举结果与发布重大丑闻，有时被视为等同于常规战争，因为存在配合物理破坏手段，甚至是协同实施恐怖攻击等战法。

网络战在 2010 年 5 月出版的英文书籍 Cyber War 中被定义为"一个民族国家为渗透另一个国家的计算机或网络进行破坏和扰乱的行为"，该书作者是政府安全专家 Richard A. Clarke。学界将网络战形容为"第五种作战形式"，美国代理国防部长 William J. Lynn 称"按理说，五角大楼已经正式认定网络战为一种新的战胜形式……（它）已经成为陆战、海战、空战以及太空站之外的能够造成威胁的一种新的军事行动"。网络战部队是执行网络战（网络对抗）任务的部队，主要任务包括网络侦察、网络攻击和网络防御。网络战部队主要由计算机、信息安全、密码学方面的专业技术人员组成，因此，它是一支知识密集型、技术密集型的高技术部队。

3.8.2 世界主要国家高度重视网络军事力量建设

2009 年，时任美国总统奥巴马公开宣布美国的数字基础架构是"战略性国家资产"，在 2010 年 5 月美国五角大楼成立了由 Keith B. Alexander 将军率领的美国网战司令部，他也是美国国家安全局（NSA）主管，司令部的任务是保护美国军队网络安全以及攻击其他国家的计算机系统。英国政府在政府通讯指挥部（GCHQ，一个类似于美国 NSA 的机构）的基础上成立了一个网络安全行动中心。然而，美国的网络司令部的成立是为了保护军队，除此之外政府和企业的网络的保护则分别交给了美国国土安全部和一些私人公司。

2010 年 2 月，美国立法委员警告说，"电信和网络遭受袭击的威胁显著上升"。根据 Lipman 报告，美国以及其他国家国民经济的很多关键部分，目前正面临来自网络的威胁，包括金融业、交通运输业、制造业、医药、教育以及政府的网络安全威胁，所有的行业的运作现在都依赖于计算机。

许多国家积极为信息战筹划，其中包括俄罗斯、以色列以及朝鲜。伊朗吹嘘其拥有世界上第二大网军。美国政府网络安全专家 James Gosler 担心，美国面临计算机安全专家的严重短缺问题，估计国内现在只有 1000 名有资格的专家，而当前需要 2 至 3 万名技术熟练的专家。2010 年 7 月的 Black Hat 计算机安全会议上，前国家情报副主任迈克尔•海登（Michael Hayden）将军，向数千名与会者发起挑战，找到一种"重塑互联网的安全架构"的方法，同时解释说，"你们要将网络世界视为战略要地"（原文是将网络世界视为北德平原，北德平原有重要的战略意义）。

3.8.3 网络军事力量基本运用

网络战由多种威胁组成，网络军事力量基本运用有：

（1）军事网络间谍活动。军事网络间谍活动是通过对互联网、软件或计算机进行非法攻击活动，从个人、竞争对手、团体、政府以及敌人处获取机密信息，从而得到军事、政治或经济优势的行为。未经安全处理的机密信息有可能被拦截甚至修改，使得世界上某处的间谍活动成为可能。

（2）具有政治、军事意图的蓄意破坏。计算机和卫星协助的军事活动都有设备被中断的风险。指令和通信内容可以被拦截或更换。电力、水、燃料、通讯和交通基础设施都可能会受到干扰。民用领域也处于危险之中，并指出，安全漏洞已经不仅仅局限于偷窃信用卡号码，黑客攻击的潜在的目标也包括电网、铁路和股市。2010年 7 月中旬，安全专家发现了一种恶意软件程序，已经渗透工厂中的计算机，并已蔓延到世界各地的工厂。纽约时报指出，这次攻击被认为是"第一次针对现在经济的基础——重要的工业基础设施的攻击"。

（3）对电力网络实施军事性攻击。网络攻击造成的大规模停电事故，可能会破坏经济，打乱军事攻击的节奏，甚至造成全国性的创伤。美国联邦政府承认，输电系统易受网络战争的影响。美国国土安全部与工业界一同识别漏洞，并协助业界提升控制系统网络的安全，联邦政府也努力确保在"智能电网"下一代网络发展过程中的安全。2009 年 4 月，据现任和前任国家安全官员透露，有关中国和俄罗斯已渗入美国电力网络，并植入可以破坏该系统的程序的报告浮出水面。北美电力可靠性协会（NERC）已发布公告，警告电网没有对网络攻击进行充分防护。中国否认对美国电网的入侵行为。有一个对策即切断电网与互联网之间的联系，在电网运行中仅加入 droop speed control。

2015 年 12 月 23 日，乌克兰至少有三个区域的电力系统遭到网络攻击，伊万诺—弗兰科夫斯克的部分变电站控制系统遭到破坏，造成大面积停电，电力中断 3—6 小时，约 140 万人受到影响。杀毒软件提供商 ESET 公司后来证实，乌克兰电力系统感染的恶意软件名为 BlackEnergy（黑暗力量）。该软件不仅能够关闭电力设施中的关键系统，还能让黑客远程控制目标系统。这是有史以来世界上首例得到确认的电力设施攻击行动。尽管世界上大面积停电事件时有发生，但大多数是由外力破坏或者电力设备故障造成。电力系统，特别是电网系统，一旦遭到网络攻击，那么整个社会都将遭到破坏。

（4）核电站攻击。比电力系统遭到破坏更可怕的是核电站遭到攻击。美国政府的一份报告称，自 2017 年 5 月以来，黑客一直在渗透美国核电站和其他能源设备公司的计算机网络。《纽约时报》获得了这份美国国土安全部和联邦调查局的联合报告，该报告对此提出了紧急黄色预警，是威胁敏感度最高级别中的第二级。根据报告，在美国伯灵顿附近运营核电站的沃尔夫河核运营公司是黑客渗透的目标公司之一。该公司人员称，他们的运营系统没有受到影响，因为公司网络和互联网及核电站运营网络是分开的。韩国也遭到了类似的攻击，而且不止一次。据韩联社 2014 年报道，这一年，韩国两座核电站的内部文件再一次遭到泄露，之前泄露的文件包括核电站约 1 万名员工的个人信息、核电站程序运行说明、空调和冷却系统设计图、阀门设计图等。韩国官方认为，这是"一起非常严重的国家安全事件，原本不应该发生"。

（5）精神意志打击。在社交网络兴起后，精通外语的网上写手，在敌国常见的网站进行诋毁、披露和宣传不同乃至于极端的政治与宗教观点，甚至煽动暴力攻击行为等，因为不需要仰赖复杂的技术即可入侵，在西方国家的网站上此类攻击手法逐渐盛行。

3.8.4 委内瑞拉电网遭到网络军事力量攻击

2019 年 3 月委内瑞拉国家供电干线遭到猛烈攻击。这次不仅导致包括首都加拉加斯大使馆区在内的大部分繁华地区断电，连所有城镇居民的供水也被切断，全国陷入瘫痪状态。据美国有线电视新闻网（CNN）3 月 10 日报道，目前委内瑞拉刚刚重新通电的七成地区再次陷入黑暗。该国政府官员发出警告称，全国大多数医院因此处于危险状态，仅在一个州就有超过 160 名危重病人情况危殆，4 名病人在医院停电后因无法抢救而死亡。委内瑞拉总统马杜罗 9 日表示，包括美国、委内瑞拉反对派在内的"国家敌人"使用"高技术武器"再次对该国能源系统发动了更大规模进攻。其中，委内瑞拉国家电力干线反复遭到电磁攻击，国家电力集团公司网络陷入一片混乱，该国最大、世界第四大的古里水电站从 3 月 7 日停止运转至今仍未能恢复正常。马杜罗指责反对派获得了仅有美国政府才拥有的"高技术武器和装备"。所有对该国能源系统的攻击，始作俑者和执行者都是美国和反对派的"联合体"。

3.9 网络应用与治理力量——网络信息社会化

信息技术创新方向是要服务社会、促进人类发展与进步，技术与社会的结合必然促进应用与治理的存在。技术本身不会产生力量，只有应用于社会才会形成促进社会的巨大力量。

3.9.1 网络应用越广泛越能够产生对世界的推力

网络应用是一种使用网页浏览器在互联网或企业内部网上操作的应用软件，是一种以网页语言（例如 HTML、JavaScript、Java 等编程语言）撰写的应用程序，需要通过浏览器来运行。网络应用服务供应商（英文 Application Service Provider 缩写为 ASP），是指通过网络给商家或个人提供配置、租赁和管理应用解决方案的专业化服务公司，即一种业务租赁模式，企业用户可以直接租用 ASP 的计算机及软件系统进行自己的业务管理，从而节省一大笔用于 IT 产品技术购买和运行的资金。ASP 最早出现在 1998 年，它以应用业务为核心，出售访问服务，进行集中管理，并可对多个顾客根据合同提供相应服务。计算机网络应用已深入到科学、技术、社会的广阔领域，按其应用问题信息处理的形态，大体上可以分为：① 科学计算：求取各种数学问题的数值解。② 数据处理：用计算机收集、记录数据，经处理产生新的信息形式。③ 知识处理：用计算机进行知识的表示、利用、获取。④ 计算机辅助设计、制造、测试（CAD/CAM/CAT）：用计算机辅助进行工程设计、产品制造、性能测试。⑤ 办公自动化：用计算机处理各种业务、商务；处理数据报表文件；进行各类办公业务的统计、分析和辅助决策。⑥ 经济管理：国民经济管理，公司企业经济信息管理，计划与规划，分析统计，预测，决策；物资、财务、劳资、人事等管理。⑦ 情报检索：图书资料、历史档案、科技资源、环境等信息检索自动化；建立各种信息系统。⑧ 自动控制：工业生产过程综合自动化，工艺过程最优控制，武器控制，通信控制，交通信号控制。⑨ 模式识别：应用计算机对一组事件或过程进行鉴别和分类，它们可以是文字、声音、图像等具体对象，也可以是状态、程度等抽象对象。

3.9.2 网络治理的基本技术路径

网络，简单地理解，就是利用服务器中的数据库对内容进行录入管理，再动态地从数据库中提取，然后根据事先约定的模板经接入服务系统显示到 Web（或 Wap），最后供上网者用计算机（或手机）中的 IE 进行最终的复制阅读，从而互相进行信息交换。概念中的"内容录入管理和提取及事先约定的模板、计算机中的 IE 进行最终的复制阅读"等，其实就是软件的功能，因为它们都必须依靠软件支持才能完成。因此，网络主要是由服务器和数据库、宽带（广义就是接入服务系统）、软件、计算机（或手机）等四大部分组成。我们要治理网络，就从这四大组构着手，基本途径有：一是建立健全监管机制，加强网民监督力度。二是建立服务器备案制度和健全服务器的监管机制，制定和完善监管办法，严格控制接入服务营运商不得为未经备案的服务器提供接入服务，严肃查处涉嫌低落、反动、欺诈、暴力、赌博等内容的服务器，尽可能从根源上消除不良信息和"病毒"。三是把好接入服务关口，开通"绿色上网"服务。四是培养网络人才，开发"绿色"软件。五是加强全球合作，构建网络空间命运共同体。

3.9.3 世界网络治理力量形成的基本准则

互联网极大便利了世界人民的生活，为实现人民对美好生活的向往提供了技术可能，但不可忽视的是网络空间也存在触犯法律、危害国家安全、侵犯隐私等全球公害。在互联网已经成为舆论斗争的主战场和舆论斗争的背景下，必须坚持以人民为中心的基本准则。

网络治理目标在于让人民在共建共享发展中有更多获得感。互联网机制制度创新就是要在网络运行、服务、规范和产业上坚持开放、共享、互动、协作的理念，服务于人民的美好生活。互联网系统看似确定，实质上不确定、不可重复，亟待进行机制和制度建设。完善互联网机制，即世界的网络约束机制，各国政府、网络媒体和互联网企业平衡机制，网络社会组织互动融合机制和网民参与机制。

规范互联网传播制度，即网络媒体、从业者、媒介、媒介平台的道德法律制度设计。

推进国际网络治理的对话交流。网络治理的目的在于促进人民共享，可以通过构建网络空间命运共同体并坚持多边参与、多方参与的方式来实现。第一，构建网络空间命运共同体。"网络空间命运共同体"的理念既符合互联网创新互动开放共享的天然属性，又符合为了人民和让人民共享发展成果的价值诉求。互联网打破了时空界限，促进了全球便捷互联互通，加速了全球性公共产品共建共享。第二，推动多边参与、多方参与的国际网络空间治理。国际网络空间治理应该坚持多边参与、多方参与，发挥政府、国际组织、互联网企业、技术社群、民间机构、公民个人等各种主体作用。

3.10 国际交流与合作力量——网络空间命运共同体

互联网向世界各域渗透与拓展，要形成安全、健康、生动的力量，必须要进行国际合作与交流，否则，互联网这把双刃剑就会对世界产生不可估量的危害力量。

3.10.1 世界共同推动互联网全球治理体系变革

互联网虽然是无形的，但运用互联网的人们都是有形的，互联网是人类的共同家园。让这个家园更美丽、更干净、更安全，是国际社会的共同责任。"凡益之道，与时偕行。"世界各国应顺应互联网发展带来的历史机遇，以数字经济为重要驱动力，推动网络空间开放、合作、交流、共享，携手共建网络空间命运共同体，为开创人类发展更加美好的未来助力。以信息技术为代表的新一轮科技和产业革命正在萌发，为经济社会发展注入了强劲动力。同时，互联网发展也给世界各国主权、安全、发展利益带来许多新的挑战。一则世界范围内侵害个人隐私、侵犯知识产权、网络犯罪等时有发生，网络监听、网络攻击、网络恐怖主义活动等成为全球公害；二则不同国家和地区信息鸿沟不断拉大，现有网络空间治理规则难以反映大多数国家意愿和利益，互联网领域发展不平衡、规则不健全、秩序不合理等问题日益凸显。互联网具有高度全球化的特征，面对风险挑战，没有哪个国家能够置身事外、独善其身，国际社会应该在相互尊重、相互信任的基础上，加强对话合作，推动互联网全球治理体系变革。

3.10.2 中国政府积极推进全球互联网治理变革

这条变革之路怎么走？习近平主席在第二届世界互联网大会上便给出了答案——共同构建和平、安全、开放、合作的网络空间，建立多边、民主、透明的全球互联网治理体系，赢得了世界绝大多数国家的赞同。

在习近平主席和中国政府的积极推动下，全球互联网治理体系变革正进入关键时期，构建网络空间命运共同体也日益成为国际社会的广泛共识。从倡导"四项原则"——尊重网络主权、维护和平安全、促进开放合作、构建良好秩序，到提出"五点主张"——加快全球网络基础设施建设，促进互联互通；打造网上文化交流共享平台，促进交流互鉴；推动网络经济创新发展，促进共同繁荣；保障网络安全，促进有序发展；构建互联网治理体系，促进公平正义。习近平主席为国际互联网治理贡献了中国智慧和中国方案，奠定了互联网国际合作的基石。网络空间是人类共同的活动空间，网络空间前途命运应由世界各国共同掌握，国际社会应该加强沟通、扩大共识、深化合作，携手共建网络空间命运共同体。只有尊重网络主权，发扬伙伴精神，大家的事由大家商量着办，做到发展共同推进、安全共同维护、治理共同参与、成果共同分享，才能抓住机遇、趋利避害，让互联网发展成果更好地造福世界各国人民。

3.10.3 网络空间命运共同体的基本准则

2018 年 3 月 1 日，中国发布了《网络空间国际合作战略》（以下简称《战略》）。这是我国就网络问题发布的第一部国际合作战略，标志着中国网络政策体系的顶层设计趋于完善。《战略》系统阐释了中国参与网络空间国际合作的基本原则、战略目标和行动计划，提出了国际网络空间治理的中国方案，贡献了构建网络空间命运共同体的中国智慧。为此，全球互联网治理变革及构建网络空间命运共同体，应把握的基本准则是：

（1）和平安全。当前，网络威胁是国际社会面临的主要安全威胁之一，从网络犯罪、网络恐怖主义进一步发展到网络军事化、国家间网络冲突等高级别的表现形态，现实世界的安全威胁全方位延伸到了网络空间。因此，为维护网络空间的和平与安全，必须遏制信息技术的滥用，防止网络空间军备竞赛。

（2）主权平等。《联合国宪章》确立的主权平等原则适用于网络空间，各国有自主选择网络发展道路、网络管理模式、互联网公共政策和平等参与国际网络空间治理的权利。也就是说，各国政府拥有本国境内网络基础设施和资源、信息通信活动的管辖权，有权保护本国信息系统和信息资源的安全，保护公民的网络空间合法权益。

（3）共建共治。网络空间是人类共同的活动空间，需要世界各方共同建设、共同治理。各主权国家平等参与网络空间国际治理，非国家行为体与国家行为体公平参与全球网络空间的国际秩序和规则建设。通过国际对话磋商、协调各方立场，凝聚国际共识。应建立多边、民主、透明的国际互联网治理体系，以实现互联网资源共享、责任共担、共建共治。

（4）合作共赢。当前网络空间存在一些问题，即发展不平衡、规则不健全、秩序不合理，要从根本上解决这些问题，唯有共建共治、合作共赢才有出路。无论是打击网络犯罪和网络恐怖主义，还是制定世界各国普遍接受的网络空间国际规则和国家行为规范，抑或是促进网络经济的繁荣、网络文化的交流互鉴，无疑都需要国际社会携起手来，加强沟通交流，深化互利合作。中国秉持合作共赢的新型国际关系理念，正在为打造网络空间命运共同体，建设一个和平、安全、开放、有序、繁荣的网络空间做出自己的贡献。

3.10.4 构建网络空间命运共同体现实路径

网络空间是人类共同的活动空间，网络空间前途命运应由世界各国共同掌握。各国应该加强沟通、扩大共识、深化合作，共同构建网络空间命运共同体。

第一，加快全球网络基础设施建设，促进互联互通，让更多发展中国家和人民共享互联网带来的发展机遇。

第二，打造网上文化交流共享，促进交流互鉴，推动世界优秀文化交流互鉴，推动各国人民情感交流、心灵沟通。

第三，推动网络经济创新发展，促进共同繁荣，促进世界范围内贸易发展，推动全球数字经济发展。

第四，保障网络安全，促进有序发展，推动制定各方普遍接受的网络空间国际规则，共同维护网络空间和平安全。

第五，构建互联网治理体系，促进公平正义，应该坚持多边参与、多方参与，更加平衡地反映大多数国家意愿和利益。

第四章

世界主要国家网力总体情况

近 50 年来，特别是近 25 年来，信通技术和互联网一直处于服务政治军事、经济社会的前沿。当今各国正在为每一个家庭和企业提供无处不在的网络，并推行发展和现代化议程，将信息社会培育成数字时代。诸如电子政务、电子银行、电子卫生、电子学习、下一代电网、空中交通管制等基本服务的举措在大多数国家的经济议程中处于领先地位，各国正在通过这些举措来提高生产力和效率，提高员工技能，推动创新，实现 GDP 增长。互联网和信息通信技术的发展，让政府和企业认识到这将提高其长期竞争力，提高国民生产总值。因此，有必要客观地介绍世界主要国家网络力量的整体状态。

4.1 中国

4.1.1 信息时代网络空间命运共同体构建的中国方案

一个安全稳定繁荣的网络空间，对各国乃至世界都具有重大意义。中国愿与各国一道，加强沟通、扩大共识、深化合作，积极推进全球互联网治理体系变革，共同维护网络空间和平安全。近年来，习近平主席提出了关于推进全球互联网治理体系变革的"四项原则"和构建网络空间命运共同体的"五点主张",阐明中国关于网络空间发展和安全的重大立场;由国家互联网信息办公室于 2016 年 12 月 27 日发布并实施的《国家网络空间安全战略》,首次以国家战略文件形式,旗帜鲜明地宣示了我国在网络空间发展和安全上的重大立场和主张,也向世界发出了共同构建和平、安全、开放、合作、有序的全球网络空间治理体系的倡议,彰显了我国的大国担当,向世界贡献了中国方案。

《国家网络空间安全战略》系统、全面、准确地总结了我国关于建设网络强国、构建网络空间命运共同体的一贯主张,体现了我国作为网络大国的"全局观、主权观、发展观、是非观和共治观":

一是着眼世界的全局的共治理念。中国认为网络安全事关人类共同利益,事关世界和平与发展,事关各国国家安全。网络空间是人类的共同活动空间,网络安全是全球性的挑战,维护中国网络安全,不仅是我国自身的需要,更是维护全球网络安全和世界和平的需要,必须全球各国共同维护,共享共治。

二是旗帜鲜明的主权指导理念。网络空间主权是国家主权在网络空间的拓展延伸,尊重网络空间主权成为国际社会共识。联合国信息安全政府专家组确认,包括国家主权原则在内的《联合国宪章》等国际法准则适用于网络空间,为世界各国主张在网络空间的合法权益提供了依据和支撑。

三是双轮驱动的发展指导理念。中国认为，网络安全和信息化是一体之两翼、驱动之双轮，坚持以安全保发展，以发展促安全。安全是发展的前提，发展是安全的基础，充分发挥网络空间在信息传播、生产生活、经济发展、文化繁荣、社会治理、国际交流合作中的创新和推动作用，统筹发展先进的网络基础设施，开发信息资源，丰富网络空间信息内容。

四是立场坚定的是非指导理念。中国坚决打击各种网络违法犯罪行为，加强网络反恐、反间谍、反窃密能力建设，严厉打击网络恐怖和网络间谍活动，严厉打击网络诈骗、网络盗窃、贩枪贩毒、侵害公民个人信息、传播淫秽色情、黑客攻击、侵犯知识产权等违法犯罪行为。从加强网络文化建设方面，实施网络内容建设工程，传播正能量，加强网络伦理、网络文明建设，发挥道德教化引导作用，营造良好网络氛围和生态。

五是开放合作的共治指导理念。中国愿与各国一道，加强沟通、扩大共识、深化合作，积极推进全球互联网治理体系变革，共同维护网络空间和平安全。

4.1.2 中国维护与治理网络空间的战略路向

中国的网民数量和网络规模世界第一，维护好中国网络安全，不仅是自身需要，对于维护全球网络安全乃至世界和平都具有重大意义。中国致力于维护国家网络空间主权、安全、发展利益，推动互联网造福人类，推动网络空间和平利用和共同治理。

一是坚定捍卫网络空间主权。根据宪法和法律法规管理我国主权范围内的网络活动，保护我国信息设施和信息资源安全，采取包括经济、行政、科技、法律、外交、军事等一切措施，坚定不移地维护我国网络空间主权。坚决反对通过网络颠覆我国国家政权、破坏我国国家主权的一切行为。

二是坚决维护国家安全。防范、制止和依法惩治任何利用网络进行叛国、分裂国家、煽动叛乱、颠覆或者煽动颠覆人民民主专政政权的行为；防范、制止和依法惩治利用网络进行窃取、泄露国家秘密等危害国家安全的行为；防范、制止和依法惩治境外势力利用网络进行渗透、破坏、颠覆、分裂活动。

三是保护关键信息基础设施。采取一切必要措施保护关键信息基础设施及其重要数据不受攻击破坏。坚持技术和管理并重、保护和震慑并举，着眼识别、防护、检测、预警、响应、处置等环节，建立实施关键信息基础设施保护制度，从管理、技术、人才、资金等方面加大投入，依法综合施策，切实加强关键信息基础设施安全防护。

四是加强网络文化建设。加强网上思想文化阵地建设，大力培育和践行社会主义核心价值观，实施网络内容建设工程，发展积极向上的网络文化，传播正能量，凝聚强大精神力量，营造良好网络氛围。发挥互联网传播平台优势，推动中外优秀文化交流互鉴，让各国人民了解中华优秀文化，让中国人民了解各国优秀文化，共同推动网络文化繁荣发展，丰富人们精神世界，促进人类文明进步。

五是打击网络恐怖和违法犯罪。加强网络反恐、反间谍、反窃密能力建设，严厉打击网络恐怖和网络间谍活动。坚持综合治理、源头控制、依法防范，严厉打击网络诈骗、网络盗窃、贩枪贩毒、侵害公民个人信息、传播淫秽色情、黑客攻击、侵犯知识产权等违法犯罪行为。

六是完善网络治理体系。加快构建法律规范、行政监管、行业自律、技术保障、公众监督、社会教育相结合的网络治理体系，推进网络社会组织管理创新，健全基础管理、内容管理、行业管理以及网络违法犯罪防范和打击等工作联动机制。加强网络空间通信秘密、言论自由、商业秘密，以及名誉权、财产权等合法权益的保护。

七是夯实网络安全基础。坚持创新驱动发展，积极创造有利于技术创新的政策环境，统筹资源和力量，以企业为主体，产学研用相结合，协同攻关、以点带面、整体推进，尽快在核心技术上取得突破。优化市场环境，鼓励网络安全企业做大做强，为保障国家网络安全夯实产业基础。

八是提升网络空间防护能力。网络空间是国家主权的新疆域。建设与我国国际地位相称、与网络强国相适应的网络空间防护力量，大力发展网络安全防御手段，及时发现和抵御网络入侵，铸造维护国家网络安全的坚强后盾。

九是强化网络空间国际合作。在相互尊重、相互信任的基础上，加强国际网络空间对话合作，推动互联网全球治理体系变革。深化同各国的双边、多边网络安全对话交流和信息沟通，有效管控分歧，积极参与全球和区域组织网络安全合作，推动互联网地址、根域名服务器等基础资源管理国际化。

支持联合国发挥主导作用，推动制定各方普遍接受的网络空间国际规则、网络空间国际反恐公约，健全打击网络犯罪司法协助机制，深化在政策法律、技术创新、标准规范、应急响应、关键信息基础设施保护等领域的国际合作。通过积极有效的国际合作，建立多边、民主、透明的国际互联网治理体系，共同构建和平、安全、开放、合作、有序的网络空间。

4.1.3 2018 年中国网络营运的兴盛区域

图 4-1 中国日均移动互联网使用时长

在线娱乐发展，出现短视频和多人组队游戏热。2018 年的一大新趋势是在线娱乐的火热发展，短视频内容和 feed 流产品占据市场，抖音和快手成为这方面的领跑者，日活跃用户数量超过 1 亿。

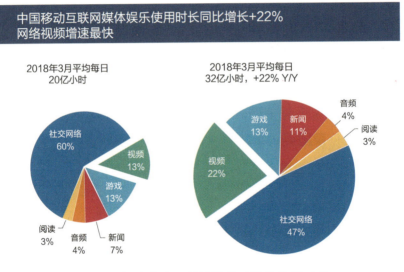

图 4-2　中国移动互联网媒体 / 娱乐使用时长

4.1.4 2018 年保密科技新动态

中国网络信息保密科技产业应用市场广泛，其中政府、电信与金融领域应用最多，同时工控安全与数据安全正成为新的增长极。中国信息安全与保密科技行业近年来快速发展，随着应用不断拓宽，行业迎来更多的发展机会，其中，安全威胁态势智能感知、应用交付市场与整体解决方案能力的增强较有看点。

高质量原创和独家内容
驱动长视频平台差异化竞争以及全行业用户付费时代的到来

三大视频网站原创/独家内容

爱奇艺付费会员

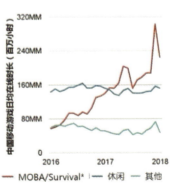

图 4-3 三大视频网站内容展示及爱奇艺付费会员数量变化

多人组队移动在线游戏 =
成为游戏行业增长亮点

王者荣耀
国内 80MM+DAU

绝地求生
国内 50MM+ DAU

中国移动游戏日均在线时长

—— MOBA/Survival* —— 休闲 —— 其他

图 4-4 热门多人组对游戏展示及中国移动游戏日均在线时长

表 4-1   中国信息安全与保密科技行业市场分布

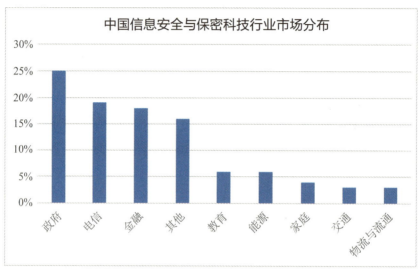

（数据来源：中国信息通信研究院）

表 4-2   中国信息安全与保密科技行业企业分布区域

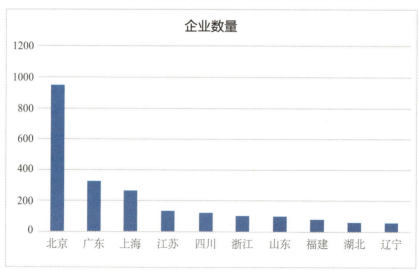

（数据来源：中国信息通信研究院）

2018 年 10 月，保密技术交流大会暨产品博览会以"坚持创新驱动携手打造保密产业良好生态"为主题，在保密技术交流大会上，主题演讲内容包括筑牢网络安全保密防御根基、探索网络空间内生安全、国产 CPU 的保密安全技术等方面。专题演讲包括人工智能与隐私、科技驱动保密产业、自主创新与安全可控、网络安全与保密、信息安全保密产业、5G 时代的安全保密、安全可靠的新一代网络信息体系、重点领域保密技术防护、加快自主创新推进商秘保护、人工智能制造安全保密、国产化专题等领域。截至 2018 年 12 月 29 日，获得国家保密科技测评中心产品证书（有效）的数量为 1482。2016 年、2017 年、2018 年产品数量逐年增加，而 2018 年一年，国家保密科技测评中心通过的产品数量达 557，占比 37.6%。

通过对国家保密科技测评中心产品证书（有效）进行统计，2018 年保密产品排名前十的是：载体销毁与信息消除、安全监控与审计、防火墙、保密柜、手机屏蔽柜、电子文档安全管理、身份鉴别、视频干扰器、安全网关、入侵防御系统。在网络信息保密科技研发、产品方面，中国安全企业致力于向信息安全底层技术方向深耕，北京鼎普科技股份有限公司紧跟世界先进技术，持续创新，初步形成了大数据、云计算、人工智能等新兴领域的信息安全解决方案，并积极推进国产化产品的研发，打造可信可控的信息安全纵深防御保障体系。

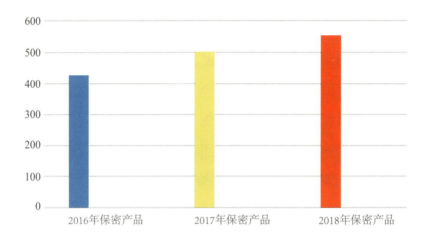

图 4-4　保密产品增长趋势

（数据来源：根据国家保密科技测评中心数据整理）

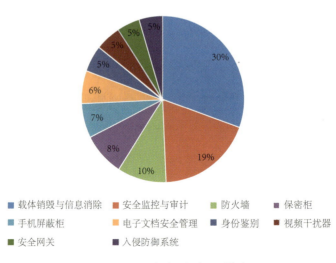

图 4-5　2018 年保密产品排名 top10

（数据来源：根据国家保密科技测评中心数据整理）

4.2 美国

4.2.1 高度重视总体网络部署

作为信息产业最发达的国家，美国政府高度重视本国信息化建设。围绕抢占信息化发展制高点这一国家战略利益，美国政府从顶层设计入手制定了一系列具有明确导向的信息化发展战略。

在基础设施方面，早在1993年克林顿政府时期就推出了"国家信息基础设施行动计划"（NII），确定把建设"信息高速公路"作为政府施政纲领；其后又在1996年通过新的电信法，以开放市场推动网络基础设施建设。在信息技术方面，美国在20世纪末制定了"新一代互联网计划""21世纪的信息技术：对美国未来的一项大胆投资计划"等具有前瞻性的战略计划，来支持信息技术的研究与开发，确保美国在信息科技领域的优势。近年来，美国又以云计算、大数据技术为重点，推动新一代信息技术的发展和应用。迄今为止，美国政府在大数据方面实施了三轮政策行动。第一轮是2012年3月，白宫发布《大数据研究和发展计划》，并成立"大数据高级指导小组"；第二轮是2013年11月，白宫推出"数据—知识—行动"（Data to Knowledge to Action）计划，进一步细化了利用大数据改造国家治理、促进前沿创新、提振经济增长的路径，这是美国向数字治国、数字经济、数字城市、数字国防转型的重要举措；第三轮是 2014 年 5 月，美国总统办公室提交《大数据：把握机遇，维护价值》政策报告，强调政府部门和私人部门紧密合作，利用大数据最大限度地促进增长和利益，减少风险。

4.2.2 始终谋求领先世界网络信息科技创新

美国网信基础设施发达，投入巨大。美国电信行业协会数据显示，2014 年美国电信支出共计 1.34 万亿美元，占世界电信总支出的 24.8%。

OECD 数据显示，2003 年—2013 年，美国电信业收入平均增长率为 2.86%，2013 年达到 5692 亿美元，是美国 GDP 的 3.5%。其中，面向公共电信服务的基础设施投资达 865 亿美元，约为年收入的 15.2%。

根据美国电信行业协会估算，2014 年美国通信网络设备支出增长了 8.9%，达 2793 亿美元，骨干网络基础设施的开支攀升了 25.3%；云计算支出上涨 20.1%，达 675 亿美元；M2M 支出增加了 31.6%，达 112 亿美元；智能交通系统支出年增长了近 57%，达到 135 亿美元，约为 2012 年的 2 倍。

美国的网信技术发达。美国在半导体和芯片、计算机设备、通信设备、信息系统、互联网和智能设备等各个重要网信领域都有全球领先的企业，如英特尔、IBM、思科、EMC、甲骨文、惠普、谷歌和苹果等。2017年，美国芯片巨头英特尔研发支出达到130亿美元、资本支出预计达到120亿美元，仅研发支出就已接近中国全部半导体企业全年的收入之和；高通、博通、英伟达等芯片设计厂商更是将20%左右的销售收入投入用于研发。

网信技术是美国保持较强国家竞争力的重要部门。美国在世界经济论坛《2015年全球信息技术报告》中的网络就绪指数排名世界第7位，表明网信产业对美国维持国家竞争力和促进经济增长具有重要作用。在各分项指数中，美国的网络基础设施指数排名第4位，企业创新环境排名第5位，对经济和社会的影响排名第7位和第11位，个人、企业和政府的网络使用程度排名分别为第18位、第7位和第14位。美国信息产业发展的特点是产业竞争力在全球领先，技术创新水平居于首位，并且非常注重掌控标准的制高点。

（1）美国信息产业竞争力在全球领先。从2006年到2009年，美国信息产业增加值的复合增长率为3.8%，信息产业在GDP中的比重始终保持在8%左右。2009年美国信息产业完成增加值大约1万亿美元，比2008年增长了4个百分点。根据英国《经济学家》信息部发布的《IT产业竞争力指数》报告，美国IT产业竞争力在全球居于领先位置，这主要是由于美国拥有良好的创新氛围、雄厚的人才资源、先进的技术基础设施、健全的法律制度、政府的支持以及开放的商业环境。

（2）美国信息产业技术创新水平居全球首位。基于全球最雄厚的技术创新成果储备、最充裕的人才储备和巨额的信息技术研发投入，美国的信息技术水平在全世界处于绝对领先地位。"二战"后，全球 60％的信息科技发明是在美国产生的，70％是在美国最先使用的，这些创新一直推动着美国信息产业的发展。

（3）美国发展信息产业非常注重掌控标准的制高点。美国政府和信息产业的企业都非常注重对标准的掌握，积极争取在制订信息技术标准方面发挥重要作用。对基础软件、办公软件、移动通讯等领域标准的掌控，帮助美国企业获得了巨额利润。

目前，美国信息产业在互联网技术、云计算技术、移动互联、软件技术和电子商务等方面具有优势。2012 年 3 月，美国宣布启动"大数据研究与开发计划"，使美国成为第一个将大数据研发上升至国家战略并制订行动计划的国家。其目标是通过提高从海量复杂数字数据中集中获取知识和创见的能力，促进解决当前国家面临的一些最迫切的挑战性的问题。2012 年 7 月，美国国防部发布了云计算战略，其目的在于通过部署云计算环境，整合并共享商业 IT 功能，进而更为有效地利用资源。

为创建 21 世纪创新所需的信息技术生态系统，奥巴马政府制定了全面的战略。这个"虚拟基础设施"包括关键信息、计算和网络平台。美国政府一直在努力扩大高速互联网的接入，推动电网现代化，提高无线频谱的可利用性，以支持高价值的应用，确保网络安全。

美国在 20 世纪 80 年代以后就实现了信息产业化。1980 年为了掌握信息技术投资 80 亿美元，1994 年则达到 250 亿美元，1992 年美国在发展信息技术方面的投资为 2100 亿美元，约占世界在这方面投资的一半，此后几年中的年递增率在 18% 左右。美国信息技术资本投资在 1980 年至 2004 年间从 34% 增长到 50%。

美国通信网络覆盖广，技术多样，用户渗透率高，互联网用户比例高，网速还有提升空间，网络运营市场开放发达。

OECD 数据显示，美国的移动宽带网络覆盖约 98% 的美国人口，光纤、DSL 和有线电视宽带的人口覆盖率分别约为 25%、74% 和 88%。2014 年底美国固定宽带用户数均达 1 亿，渗透率为 31.4%。其中，有线电视宽带、DSL、光纤和卫星宽带用户分别占固定宽带用户数的 56.5%、30.6%、8.9%、2.4%。移动宽带用户数达 3.31 亿，渗透率为 104%。互联网用户比例高，世界银行的数据显示，2014 年底，美国互联网用户数渗透率达到 87.4%。

Akamai 公司的最新估算数据显示，2015 年第 1 季度，美国的平均宽带速度为 11.9Mbps，同比增加 13%，世界排名第 19 位。平均峰值接入速度则达到 53.3Mbps，同比增长 31%，世界排名第 22 位，还有很大提升空间。

美国电信市场开放竞争，运营企业竞争力强。美国拥有众多的固定电话、移动电话和互联网接入提供商。2014 年财报显示，美国排名前三的网络运营商 AT&T、Verizon 和 Comcast 营收分别达 1324 亿美元、1271 亿美元和 688 亿美元，世界运营商排名分别为第一、第二和第九。排名第四和第五的运营商分别是 T-Mobile 和 Spint，2014 年营收为 296 亿美元和 258 亿美元，它们的大股东分别是德国德意志电信（40% 股份）和日本软银（80% 股份）。

4.2.3 大力推进高度网络信息产业

美国是全球网络信息技术的发源地，近半个世纪以来，美国的企业、政府、科研机构相互携手，主导着全球网络信息技术和产业的发展进程，福布斯 2017 年全球最大的科技公司排名 TOP10 中有 8 家来自美国，包括苹果、微软、谷歌、IBM 等。这些 IT 巨头控制着全球网络信息产业链的主干，在半导体（集成电路）、通信网络、操作系统、办公系统、数据库、搜索引擎、云计算、大数据技术等关键技术领域占据明显的先发优势。

信息技术产业可以细分为集成电路、软件和 IT 服务、通信，分别承担着信息的计算、加工处理和传输功能，这三类技术也成为各企业和各国竞争发展的重要高地。在半导体与集成电路领域，美国公司占到全球半导体市场份额的一半左右。

在软件和 IT 服务领域，美国处于绝对龙头地位。具体来说，PC 操作系统基本上被 Windows 垄断，Windows 装机量接近整体市场的 88%，Windows 与 MacOS 合计超过 97%；手机操作系统则被 IOS 与

Android 两家瓜分，两家合计超过 98%。数据库系统则是甲骨文独占鳌头。在通信服务领域，美国有无线通信巨头高通等企业。

网信产业是推动美国经济增长的重要产业部门

美国的网信产业包括计算机和电子设备制造、软件、广电、数据处理和相关服务、互联网出版、互联网广播和门户网站、计算机系统设计和相关服务等。

网信产业是推动美国经济增长的重要产业部门。美国商务部经济分析局数据显示，2013 年美国网信产业增加值为 9625 亿美元，约占 GDP 的 5.7%；从业人员收入为 4892 亿美元，约占全国的 5.5%；税收为 474 亿美元，占总税收的 4.3%。2010 年—2013 年，网信产业在美国 GDP 中占比、对实际 GDP 增长的贡献度、提供的就业岗位比重、税收比重和企业营业盈余比重较为稳定。但是，网信产业对美国实际 GDP 的贡献度在 10% 左右，明显高于其他各项，表明网信产业是推动美国经济增长的主要动力。

典型的 IT 企业情况如下：

英特尔遵循摩尔定律引领芯片技术的创新迭代。自 1958 年美国德州仪器公司发明了第一块集成电路以来，全球信息产业的革命以半导体芯片技术发展为主要驱动力，成立于 1968 年的英特尔公司及其生产的中央微处理器芯片（CPU）始终居于技术的制高点和产业的核心地位。无论是出于主观的战略规划还是客观的研发规律，数十年来英特尔芯片技术的研发和制造工艺基本遵循着摩尔定律有条不紊地演进发展并保持技术领先，即"每 18 个月产品性能提高一倍，前进一个技术台阶"，进而带动其他半导体元器件和设备的技术变革，摩尔定律也因此成为全球 IT 硬件技术的基本规律。

高通以专利授权模式构筑全球移动通讯技术生态圈。高通是美国的一家无线电通信技术研发公司，成立于 1985 年 7 月，在以技术创新推动全球无线通讯技术发展方面扮演了至关重要的角色。高通的成功在于通过"无晶圆厂＋专利授权"的模式创造了一个以 CDMA 为载体的技术开发商、设备商以及运营商的生态圈，其研发的 CDMA 技术成为世界上发展最快的无线技术之一，并已经向全球数百家移动设备制造商提供了技术使用授权，几乎涉及了世界上所有电信设备和消费电子设备的品牌。

苹果公司以用户体验为中心开展持续快速的技术创新。成立于 1976 年的苹果公司在全球高科技企业中以持续快速创新而闻名世界，苹果公司的关键技术创新始终以创造完美极致的用户体验为中心，以苹果公司旗下研发的智能手机系列 iPhone 为例，第一代 iPhone 于 2007 年发布，此后每年均有 1—2 个创新系列产品推出，而其操作系统的更新更是频繁，近 6 年来总计约有 50 次的系统升级，软硬件的高速研发步伐使得苹果移动终端始终保持产业竞争优势，苹果手机也因此成为全球销量第一大的智能手机。

微软操作系统凭借广泛的兼容性和捆绑战略得以长期垄断。操作系统是计算机应用软件的摇篮。从微软操作系统的整个发展历程来看，其技术创新始终围绕着对各类软硬件产品的兼容展开，并以产品捆绑的商业模式来遏制竞争对手。也正因如此，微软操作系统及其应用程序（浏览器＋办公软件）得以产生出强大的磁石效应，推动 PC 产业链各环节对其的技术支持，并不断巩固其产业垄断的地位。

美国 IT 巨头与政府联手引领云计算、大数据等新技术应用。在美国 IT 巨头和政府的共同推动下，云计算、大数据等技术被视为全球网络信息技术发展前沿。其中，IBM 作为云计算技术的主要倡导者，其云计算战略是研发和并购双管齐下，迄今已投入超过 30 多亿美元收购了多家云计算相关企业。而谷歌则是大数据技术的主要推动者和创新力量。2011 年，谷歌以 7 亿美元收购数据算法分析公司 ITA Software，重视将大数据分析技术用于解决社会问题，运用集体智慧方式涉足环境保护等科学技术问题。除了 IT 企业的推动，美国政府也将云计算、大数据等关键技术视为国家战略予以全力推进。例如 2011 年 2 月，美国发布《联邦云计算战略（Federal Cloud Computing Strategy）》，要求美国政府从每年总计约 800 亿美元的 IT 开支中拿出 1/4 左右的部分迁移至云计算。2012 年 3 月，奥巴马政府正式宣布了 "大数据研究和发展倡议"，携手 6 个政府部门投入 2 亿美元资金，实现在科学发现、环境保护、生物医药研究、教育以及国家安全等多个领域的技术突破。

4.2.4 全面打造网络安全超级强国

美国是名副其实的网络安全超级强国，网络空间安全产业的实力遥遥领先于其他国家。

美国早在 2011 年就公布了《网络空间国际战略》，随后国防部发布《网络空间行动战略》；2015 年国防部发布修订版《网络空间行动战略》，明确指出国防部主要任务之一就是"采取进攻性网络行动"。2016 年发布网络安全国家行动计划（CNAP）；2017 年美国战略与国际研究中心（简称 CSIS）的网络政策专责小组发布报告《从意识到行动——第四十五任美国总统网络安全议程》，为特朗普总统提供未来五年网络安全战略建议。2017 年 5 月特朗普签署的第 13800 号总统令《加强联邦网络和关键基础设施的网络安全》，它与 2017 年底颁布的美国《国家安全战略报告》相呼应。《加强联邦网络和关键基础设施的网络安全》是一份专门针对网络安全的行政令，该文件将整个联邦政府视为一个企业，前所未有地将风险集中，紧扣时效原则，按联邦政府、关键基础设施和国家三个领域明确采取增强网络安全的具体措施。2018 年 9 月 18 日，白宫正式发布了《美国国家网络战略》，该战略被白宫标榜为"15 年来首份完整清晰的美国国家网络战略"。该战略与另外两份文件《加强联邦网络和关键基础设施的网络安全》《国家安全战略报告》共同勾勒出美国网络安全战略的路线图。

"网络安全创新 500 强"（Cybersecurity 500）由世界领先的研究

和报告发布平台 Cybersecurity Ventures 每个季度发布，反映全球当前最热门、最具创新的网络安全公司的排名。2018 年第四季度"网络安全创新 500 强"的企业榜单中，美国有 358 家安全公司上榜，占据 500 强的 71.6%，且前 10 名中占据 8 个席位，体现出美国的网络安全企业在技术创新方面的整体实力。

根据统计数据及 Gartner 魔力象限研究报告，我们可以看到美国在每类产品中都具备处于领导者地位和挑战者地位的企业。在 WEB 应用防火墙（WAF）、安全信息和事件管理（SIEM）、数据防泄漏（DLP）、Web 安全网关（SWG）、应用安全检测（AST）5 类产品中，处于领导者地位的全部是美国企业。由此可知，美国网络安全企业从总体来看，产品线完善、产品成熟度高、技术领先、市场覆盖范围广，在全球市场上的整体竞争力远远领先于其他国家。

Oakland、CCS、USENIX、NDSS 是全球公认的、网络安全方面的四大专业学术会议。对 2018 年各国专家和学者在这四大会议上发表的文章数量进行分析，以此来对比这些国家的网络安全方面的学术研究水平。统计分析发现，2018 年美国不仅是在这四大安全会议上发表文章总数最多的国家，而且也是每个独立安全会议上发表文章数量最多的国家。

美国历年主要的网络安全战略文件，无一例外均囊括"提升网络安全意识、加强网络安全教育"的内容，早在 2003 年就首次从国家层面将提高网络安全意识与培训计划写入了《网络空间安全国家战略》，真正实现质的飞跃的是 2008 年《国家网络安全综合计划》（CNCI）的第 8 项计划"扩大网络教育"，明确提出将效仿 20 世纪 50 年代美国科学和数学教育战略，制定一个国家级的网络安全人才教育战略。为落实 CNCI 第 8 项计划，2010 年美国首个跨部委的"国家网络安全教育计划"（NICE）应运而生。该计划的总体纲领性文件《NICE 战略计划》于 2012 年 9 月正式发布，随着计划的落实和推进，更新的第二版于 2016 年 4 月发布。新版《NICE 战略计划》的发布标志着美国网络安全人才队伍建设进入一个新阶段，反映出美国网络安全人才工作从上一阶段的开创探索转为铺开落实。

从市场环境来看，美国是一个非常成熟的市场经济国家，知识产权保护、风险投资等机制非常完善，有力地支撑了美国网络安全产业的发展。

4.2.5 始终把保密网络信息科技居于重要战略地位

美国涉密网络最初建设是为了支持特定任务需求，基本上由小组成员控制访问，通常情况下假设具有访问网络权限的人需要知道网上的所有信息。随着涉密网络间互联互通需求的发展，部门的涉密网络开始连接到其他涉密网络和非涉密网络。美国曾提出"联邦涉密网络（Federal Secret Fabric）"的愿景，可以使信息无缝同步分享，并且能保护涉密信息满足相应的安全等级，而实际情况和这个愿景描述存在很大的差距。涉密网络通常是为了满足信息共享的需求，这个需求在"911 报告"（the 9/11 Commission-Report）上又被突出强调。因此，原有涉密网络更强调所有涉密数据满足运作连续性（COOP）、管理连续性（COG）和语音与数据无缝通信的需求。其结果是形成了一个拼凑的网络，每个机构都是独立的，这些机构的网络大部分都不能实现互操作。

表 4-5 是美国联邦政府内部使用的六种主要涉密网络认证和访问控制能力的汇总，包括国防部的 SIPRNet、联邦调查局的 FBINet、能源部的 NNSA 和 ESN、国土安全部的 HSDN、司法部的 JCON-S 和国务院的 ClassNet。

表 4-5　美国主要涉密网络认证和访问控制能力汇总

	美国国防部（DOD）	美国国务院（DOS）	美国国土安全部（DHS）	美国司法部（DOJ）	联邦调查局（FBI）	美国能源部（DOE）
网络名称	涉密互联网议路由网络（SIPRNet）	涉密网络（ClassNet）	国土安全数据网络（HSDN）	司法统一办公涉密网络（JCON-S）	联邦调查局网（FBINet）	国家核安全局企业安全网络
用户规模	>80 万	2 万 5 千	7 千	3 千	5 万	1 千 5 百

续表

	美国国防部（DOD）	美国国务院（DOS）	美国国土安全部（DHS）	美国司法部（DOJ）	联邦调查局（FBI）	美国能源部（DOE）
网络目的	战术、命令和控制	共享外交任务和支持国家利益、国际执法反恐的情报数据	主要共享反恐的情报和任务数据	主要共享起诉和反恐的任务数据	主要的公司业务网络（人力资源和任务职能）	支持隔离的数据共享
信息共享需求	司法部、国土安全部、能源部、联邦调查局、国务院	国防部、国土安全部、司法部、联邦调查局	国防部、国务院、州和地方政府	国防部、联邦调查局、地方执法机构	国防部、司法部、国土安全部、情报联盟硬件PKI智能卡（可选）	国防部
认证	用户名和口令；目前试点的PKI智能卡	用户名和口令；硬件PKI智能卡	用户名和口令	用户名和口令	用户名和口令	用户名和口令；RSAOTP令牌
访问控制	访问控制列表（ACL）	访问控制列表（ACL）	访问控制列表（ACL）；基于角色的访问控制（RBAC）	访问控制列表（ACL）	访问控制列表（ACL）；基于属性的访问控制（ABAC）	访问控制列表（ACL）；基于属性的访问控制（ABAC）

安全可靠的信息共享是美国涉密信息系统管理的最终目标。2011 年 10 月 7 日，奥巴马总统签发第 13587 号总统令《加强信息共享和保护计算机网络中涉密信息的结构性改革》。总统令建立了新的跨部门协调机构，其中包括高级信息共享和安全保障指导委员会、内部威胁特别工作组以及由国防部长和国家安全局长担纲的保护计算机网络涉密信息的执行机构。总统令要求各联邦机构负责人做到：① 指定高级官员负责监督涉密信息的共享和维护工作；② 根据内部威胁工作组制定的标准和指南，实施内部威胁检测和防御计划；③ 进行自我评估并将结果报告给高级信息共享和安全保障指导委员会；④ 提供符合规定和有安全保障的信息与访问服务，确保执行机构开展独立评估和维护涉密信息的工作。

涉密信息系统管理的主要技术措施包括：实施内部威胁计划和建立统一的身份、凭证和访问管理体系。总统令要求内部威胁特别工作组研究制定全国范围的内部威胁计划，意在阻止、检测和减轻内部威胁，防止涉密信息泄露和非授权访问。该计划包括建立和整合各机构的安全、反间谍、用户审计和监控等能力和实践经验，研究开发新的政策、目标和重点项目。总统令要求执行结构联合涉密网络安全委员会研究开发有效的技术防护策略和标准。CNSS 提出 ICAM 任务，在美国涉密信息系统中建立统一的身份、凭证和访问管理，解决联邦涉密网络间的协同工作问题。

4.2.6 领先发展网络军事力量

美军是信息化全球领导者，通过打造全球指挥控制系统（GCCS），全球信息栅格（GIG），美军空间探测与跟踪系统（SPADATS）、空中预警与控制系统（AWACS）等从感知、到通信、再到指挥控制的完备的 C4ISR 体系，推动美军在基础设施、作战策略、思维层面向信息化战争转变。

根据预测，到 2020 年，C4ISR 市场规模将超过 1300 亿美元，其中美国依然占据半壁江山，通信和感知系统将占据 75% 的市场。从国际发展情况看，全球军工信息化浪潮催生军工巨头，C4ISR 成为切入军工供应链的捷径，像 L3 和埃尔比特等就是通过不断并购重组持续丰富军工类电子产业链，成为 C4ISR 领域的领先企业。

作战效能的释放方式由数量累加变为系统综合传统战争，作战效能的大小由武器装备数量的累加来衡量。信息化战争，指相互独立的作战单位和武器平台借助一体化的战场数字化网络实现有机的联接，相互配合、自觉协同，使战效能成倍甚至成几何级数的增加。

目前，美国陆军信息化装备已占 50%，海军、空军信息化装备占 70%，2020 年前后美国主战武器装备将实现完全信息化。美国已经建立起完善的空天海电一体化的作战指挥系统。美军每年 C4ISR 的投入超过 500 亿美元，超过全球其他国家总投入的一半。

4.2.7 注重重点领域的网络信息社会化

美国社会的运转对计算机网络的依赖性日益加重，计算机网络已经渗透到美国政治、经济、军事、文化、生活等各个领域。各种业务处理基本实现网络化，美国的整个社会运转已经与网络密不可分。

在电子政务领域，美国电子政务发展在全球表现突出。在美国，居民可方便的享受政府在线服务，可通过政府网站获取信息、下载文件、进行网络报税、申请护照、驾照或出生证等。美国政府通过数据开放和应用接口（API）促进新应用的产生。开放政府数据（OGD）是提高社会参与度与透明度的一个重要途径。通过这一方式，政府数据得以主动开放，每一个人都能够在线获取信息，不受限制地对信息进行再使用和再处理。每个政府机构都公布了自己的应用网站，而且 Data.gov 还公布了政府范围内的应用接口目录，使得这些资源更容易找到和利用。这些应用接口包括大量的政府数据集，比如家庭和企业能源趋势、全球范围内的实时地震通知和从好奇者飞行器上发射的火星天气状况等。截至 2015 年 9 月 22 日，美国开放数据门户网站 data.gov 上共开放了 16.4 万个数据集，约 300 个移动应用，参与的部门近 450 个，共覆盖了 15 个领域。据联合国经济和社会事务部发布的《2014 年电子政务调查报告》显示，美国在全球电子政务发展指数排名中名列第 7 位，政府在线服务指数排名第 6 位。

美国已经在生产、生活、社会管理等各个方面应用了网信技术，同时，美国民众和家庭也基本普及了信息化设施，因此，对于网络信息技术的基本教育和培训，通过日常的应用得到了基本普及。

对于教育的信息化，或者说利用网络信息技术支持教育和培训，美国也走在了世界的前列，美国称之为"教育技术基础设施"（Educational Technology Infrastructure），在中国被称为"教育信息化"。

自 20 世纪 90 年代以来，美国在引领全球信息技术革命的同时，不遗余力地利用信息技术革命的成就和优势，从联邦政府到各州政府、地方政府、社区、学校纷纷制定政策和规范，在全社会发起学习变革运动，倡导并建设教育信息技术基础设施，为技术赋能的教学夯实理念，提供环境和物质基础。比如，联邦政府教育部专门成立了教育技术办公室，在全国范围内倡导、支持教育技术发展与应用，并连续发布"美国国家教育技术计划"（NETP）。该计划是美国教育技术基础设施建设、发展与应用现状及愿景的呈现，也是国家教育技术发展、应用与变革战略的行动指南。它描述了美国政府在致力于确保不同年龄阶段的学习者享有公平受教育机会以实现个人发展、成功，并在全球化时代保持竞争优势等方面应采取的具体行动。2016 年初，美国教育部下属教育技术办公室发布了第五份美国国家教育技术计划——"迎接未来学习——重思教育技术"，该计划旨在促进教育技术发展与应用以实现数字化时代教育变革，并从技术赋能的学习、技术赋能的教学、教育技术时代的领导力、教育技术时代的学习测评和教育技术时代的信息化基础设施建设等五个方面系统阐述了近年来教育技术的发展与应用，以及其对美国中小学教育和高等教育的影响与冲击。此外，美国各州、地方政府以及众多营利性和非营利性教育机构近年来也投入大量资源建设教育技术基础设施，并发布研究报告强调教育技术基础设施建设是技术赋能时代改善教学绩效、发展学生数字技术能力、培养掌握 21 世纪技能人才的保障。

4.2.8 以网络防护为主轴的国际交往

美国是绝大部分网信技术的开创者和引领者，也是网信领域主要核心产品的厂商，网信技术和产品是美国对外出口的重要产品，也是美国对外实施控制和制裁的重要手段。2018 年的"中兴事件"，就是美国利用网信核心技术实施"霸权政治"的典型案例。

1969 年 10 月 29 日，在美国政府资助、国防部研究计划署（ARPA）主导的一个研究项目中，实现了首次互联网传输。该项目旨在改善科学家与计算机之间的交互，并组建一张覆盖全国的网络，使人们即使相隔很远，也可以随时随地进行交互。阿帕网（ARPANET）采用分组交换技术，为美国总统、军方以及国家安全机构提供了一种可靠的新型通信、指挥和控制系统。如今，ICT 及互联网服务已成为美国经济增长的主要引擎，ICT 驱动的货物出口及服务出口分别占总出口额的 9% 和 24.3%。美国互联网渗透率高达 87% 以上，是高度数字化的国家。然而，美国政府也发现，城市和农村地区存在巨大的"数字鸿沟"。消除这一鸿沟，为更多民众提供能负担得起的高速宽带是提升生产力、增加经济机会的关键。2010 年，联邦通信委员会（FCC）向政府提交了"连接美国"国家宽带计划，计划在2020 年之前为一亿家庭提供负担得起的高速互联网。

然而，距离该计划推出已经过去 9 年了，美国宽带渗透率并未达到预期目标。随着数字产品的不断增加以及物联网（IoT）的快速渗透（两者都需要更大带宽支持），FCC 决定通过提高无线频谱的利用率，重点提升美国的 ICT 水平。2016 年，FCC 改变了策略，决定将更多政府所有的频谱拿出来拍卖，以缓解无线网络的频谱需求。FCC 目前正计划大幅扩充可用频谱资源，彻底改变美国无线基础设施的架构，为 5G 无线服务和应用的发展打下基础。

美国政府对 ICT 行业的态度基本上是任其自由发展，对很多其他行业也持相同态度，这样做有助于避免潜在的利益冲突问题。关于美国数字经济议程，目前只有商务部长对该议程四大重点（促进自由、开放网络的建设，推进网络诚信，确保宽带入网，鼓励创新）的公开描述，还没有出台详细的官方文件。但我们可以从以下三个政策举措中看出美国数字经济议程背后的一些逻辑。第一，商务部发布了《网络经济中的商业数据隐私与创新》（又名"绿皮书"），强调在减少数字商务壁垒的同时，应加强数据隐私及知识产权保护，增强网络安全，确保信息跨境流动自由。第二，白宫发布的《大数据：抓住机遇、保存价值》报告（又名"Podesta 报告"）。该报告主要讨论了新兴技术、IoT、数据聚合对经济、政府和社会的变革作用，并指出政府也应重视其中的个人隐私问题。第三，美国政府发起跨大西洋贸易投资协定（TTIP）及跨太平洋合作伙伴协定（TPP），试图通过贸易维持经济健康发展。这两大协定都提倡货物、服务、数据及资本的自由流动，以助推经济发展，同时将 ICT 置于谈判国经济发展战略的重要位置。美国贸易代表办公室（USTR）指出，美国希望达成以下几方面的目标：打击非公平贸易行为、消除数字贸易壁垒、遏制贸易保护主义抬头、实施数据或隐私保护、打击商业机密盗窃行为、加强网络安全合作，确保全球经济持续健康发展。在 TPP 谈判过程中，USTR 发布了"数字 24 条"（Digital 2 Dozen），称维持互联网的自由度和开放性有助于推动数字经济跨境贸易。上述三大举措大致描绘了美国数字议程的概貌。

奥巴马在上任之初即认识到"网络威胁是美国目前面临的最严重的经济和国家安全挑战"。据估计，美国每年由于网络攻击造成的经济和知识产权损失高达 3000 亿美元（超过 GDP 的 1%），企业平均损失 1500 万美元。此外，消费者对网络安全的担忧也对数字经济的前景带来了越来越大的影响。近期研究表明，美国有一半的网民出于隐私和安全考虑，决定不进行在线金融交易或是开展电子商务，或在社交网站发帖。

有三起前所未有的重大国家安全事件引发了民众对网络安全的关注。这损害了美国在技术方面长期保持的领先和中立形象，对美国 ICT 巨头也产生了负面影响，进而严重阻碍美国数字经济发展。事件一：2010 年，美国陆军士兵 Chelsea Manning 涉嫌向"维基解密"网站提供海量机密情报，包括军事和外交文件，将美国外交政策公之于众，严重影响美国的公开立场。事件二：2013 年，爱德华·斯诺登将美国国家安全局（NSA）秘密监听项目的细节披露出来，引发了全世界对该项目意图的质疑，美国因此陷入严重的信任危机。事件三：美国联邦人事管理局（OPM）遭到黑客攻击，导致 2400 万政府工作人员个人信息泄露，包括敏感信息，其中不乏美国现任及未来政策制定者。在这三起事件及很多其他重大安全事件发生后，奥巴马在 2015 年的讲话中表示："恶意网络攻击行为……对美国国家安全、外交政策和经济造成不同寻常的严重威胁。"

从政策和舆论来看，美国政府有意加强美国的网络安全态势，但后续网络安全战略和政策的执行是否能落到实处仍是个未知数。相比经济领域的战略重点，网络安全问题在政府的工作中往往没那么紧急和重要。此外，还有很多其他一系列不和谐因素导致政府无法聚焦网络安全问题。例如，基础设施落后，急需升级，将安全和风险抵御能力嵌入各个环节；互联的企业越来越频繁地遭遇知识产权被窃，甚至导致数字服务被迫中断；美国政府及其盟友的关系以及美国政府与业界（硅谷、西雅图、波士顿等）的关系不断恶化；专业安全人才匮乏；立法滞后，跟不上互联网的发展速度；多个政府部门之间的网络安全职责存在重叠，没有明确的主导部门；等等。

4.3 俄罗斯

4.3.1 大力倡导网络应用战略

俄罗斯在互联网方面至今已走过了 20 多年的发展历程，20 多年间各式各样的网站大量涌现，互联网用户数量激增。相关的统计信息显示，2013 年秋季，在俄罗斯，一个月之内使用过网络的人数为 6610 万（占 18 岁以上人口的 57%）；一周之内使用过网络的人数为 6240 万（54%）；一天之内使用过网络的人数为 5220 万（46%）。也就是说，几乎一半的俄罗斯成年人几乎每天都在使用网络。俄罗斯网民的数量近年来呈爆炸式增长。在 2004 年，一个月之内使用过网络的人数仅为 1370 万（占成年人口的 12%），2007 年为 2610 万人（23%），2009 年就已经达到了 3920 万人（34%），2010 年快速增长到 4650 万人（40%）。随着计算机、手机的普及，俄罗斯人都平等地享有使用互联网的机会，网民分布并无太大城乡差异。从国际比较上看，俄罗斯的网民所占成年人口的比例与西方世界仍有差距（澳大利亚为 89%，德国为 83%，法国为 80%，美国为 78%），但是这个差距在逐渐缩小，目前已经超过了同为金砖国家的中国（40%）

与巴西（39%）。

与此同时，俄罗斯的网站数量也不断增加。在俄罗斯，俄语网站或者俄罗斯网站被称为 Рунет，截至 2014 年 2 月，以 ".ru" 为域名的网站约为 491.86 万个，另有以 ".рф" 和 ".su" 为域名的网站有 81.47 万个和 12 万个，其中以 ".ru" 为域名的网站数量为世界第六位。2012 年 6 月至 2013 年 6 月，平均每天浏览 Рунет 的人数从 2767.7 万增加到 3057.4 万，增长了 10.46%。Рунет 使用者数量快速增长说明其影响力逐渐加大，2012 年，Рунет 的网络服务（5630 亿卢布）和网上支付（2687 亿卢布）总额占 2012 年俄罗斯国内生产总值的 1.3%，比 2011 年增加 39%，预计 2013 年将会在此基础上增长 26%。与网络相关产业的市场交易额为 43000 亿卢布，占 2012 年国内生产总值的 6.9%，从事与网络市场相关产业的就业人数达到 110 万。

4.3.2 积极推进技术创新发展

爱立信移动报告显示，2021 年，俄罗斯 5G 用户数量将达到 520 万，到 2022 年，这一数字将会达到 780 万。2017 年 5 月，俄罗斯通讯与大众传媒部已经公布了俄罗斯实施 5G 的进度，根据该部正在牵头制定的数字经济战略草案，2020 年之前，5G 将会在俄罗斯 8 个大型城市中首先应用，2025 年之前，城市数量扩展至 15 个。根据 AC&M Consulting 咨询公司估计，2016 年，俄罗斯物联网市场规模增长了 42%，2016 年，俄罗斯用户用于与物联网相关的产品和服务的开支达到了 850 亿卢布，相当于 12 亿美元。根据 IDC 公司的报告显示，2021 年前，俄罗斯将成为中东欧地区投资物联网的领先国家。

4.3.3 高度重视网络安全

俄罗斯对网络空间安全高度重视，早在 2000 年，俄联邦政府就出台了首份国家信息安全战略文件——《俄联邦信息安全学说》，正式将信息安全作为网络空间战略问题进行考虑，并就网络空间安全建设作出顶层设计和战略部署。为提升应对国内外信息安全环境复杂化演变的能力，有效维护国家利益，俄对国家信息安全战略亦进行了扩展。2008 年 2 月，俄总统普京批准《俄联邦信息社会发展战略》（2008 年—2015 年），成为俄首份确立信息社会发展目标、原则和主要方向的战略文件。2008 年 3 月，俄联邦安全会议批准《俄联邦保障信息安全领域科研工作的主要方向》，明确了俄在信息领域的前沿科学技术研究重点。2013 年 8 月，俄联邦政府公布《2020 年前俄联邦国际信息安全领域国家政策框架》。该政策框架细化了《2020 年前俄联邦国家安全战略》《俄联邦信息安全学说》等战略计划文件中的某些条款，列举了国际信息安全领域的主要威胁，明确了国际信息安全领域国家政策的目标、任务、优先方向及其实现机制，成为俄参与国际信息安全事务的战略计划文件。2014 年 1 月，俄联邦委员会公布《俄联邦网络安全战略构想》草案（讨论稿），阐述了制定国家网络安全战略的必要性和迫切性，明确了国家网络安全战略的基本原则和行动方向，以及该战略构想在现行法律体系中的地位。由于俄长期使用"信息安全"而摒弃"网络安全"概念，而该草案的主要起草者却坚持使用"网络安全"一词，因而遭到俄联邦安全局的强烈反对，最终导致草案"中途流产"。2015 年 4 月，俄启动《国家信息安全学说》的修订编制工作。随着网络空间安全威胁日趋复杂严峻，以及网络空间领域的国家利益不断扩大，2016 年 12 月，俄罗斯颁布新版《俄联邦信息安全学说》，这是自 2000 年以来俄罗斯对国家信息领域战略指导的首次更新，提出了俄面临的信息安全威胁，明确了新时期保障网络空间安全的战略目标和行动方向。

4.3.4 基于网络重塑军事力量

近年来，俄罗斯总统普京强势推进其国家的军事变革，试图重塑俄罗斯的军事威力。因此，俄罗斯高度重视新兴战略空间的军事权力构筑，特别加大了对海洋、外层空间及网络空间的军事投入力度，试图在未来的信息化战争中确保俄罗斯立于不败之地。为此，2003 年，俄罗斯启动了《保障俄罗斯联邦主体信息安全的联邦政策框架》和《2001—2007 俄罗斯关于建立和发展国家行政机关专用通信系统的联邦专项规划》，重点加强了对国家信息网络的基础设施完善。与此同时，俄罗斯又强化了俄罗斯联邦安全总局、政府通信与管理总局和对外情报总局在网电和信息安全管理方面的职能。2011 年 9 月

12 日，俄罗斯等四国常驻联合国代表联名致函联合国秘书长潘基文，请其将由四国共同起草的"信息安全国际行为准则"作为第 66 届联大正式文件散发，并呼吁各国在联合国框架内就此展开进一步讨论，以尽早实现规范各国在信息和网络空间行为的国际准则和规则并达成共识。2012 年，俄罗斯军方又进一步提出要在应对网络战争方面有新的战略部署，相继调整了一些军事机构并加大了对相关军事力量的建设。

4.4 英国

4.4.1 商业互联网起步早

英国的商业互联网，作为美国公司（Oracle）和英国政府的英国电信公司合作的项目，建立于1991年。次年，英国第一家商业物联网服务商Pipex引进了拨号上网服务，为150家客户网点提供上网服务。

自20世纪90年代初期开始，互联网链接得到了成倍扩张，促使互联网—政府、互联网—商业、互联网—银行得到了长足发展。今天，英国已经是欧洲国家中互联网普及率最高的国家之一，拥有90%的互联网普及率——高于欧洲平均水平的79%。在2015年，超过78%的英国人几乎每日都上网，超过74%的人在路上会使用网络。因而WIFI热点迅速增长，现在已经有数百个热点遍布于全国，包括公共场所、咖啡店、旅馆等。在2010年到2015年，手机宽带的订阅量翻倍，从24%上升到了66%。

2013年，英国发布了国家数字化战略《信息经济战略》，旨在向商业区和服务不足的地区提供高速宽带服务。到最后，英国宽带局（BDUK）——英国文化、媒体和体育部的一部分，则执行像超级链接城市项目（SCCP）那样，支持在大多数宽带业务成熟的地区增长业务。另外，该数字化战略还注重包括英国内外的通信互通性和标准。英国还在规范P2P技术不断增长的市场影响上采取主动性的姿态，尤其是在受到影响的金融领域。

4.4.2 制定保卫网络战略

像很多其他发达国家一样，网络安全对英国来说是一个主要的挑战。2010年，英国政府意识到网络安全在经济和国家安全层面是"一级风险"，进而立誓要把英国打造成"居住和工作都是最安全的上网的地方"。在2011年，前英国外交部长William Hague发起了保卫网络空间自由和民主价值观的愿景计划，这形成了未来网络空间的国家间行为准则协议的基础，同时也为新一届英国政府制定了关键性安全首要任务。

在2011年慕尼黑安全会议上演讲时，他讨论了所有的步骤，英国政府已经对国内外网络威胁采取对抗行动，并立誓与"私营部门合作，确保安全且有弹性的关键基础设施，而且确保最强技能基础，抓住网络空间经济机会，提升公众对网络安全威胁的意识"。尽管从那时起，这些目标雄心壮志已经定下，但是英国政府负责的不同研究却发现，知识产权的窃取在增加，甚至每年有越来越多的英国组织，在从事网络犯罪，而严重形式和安全分支机构的影响力也在继续上升，据估计，在大组织的个人分支会花费 60 万英镑到 115 万英镑（像 2015 年，大概 74 万美元到 142 万美元）。

由于网络不安全因素，2015 年合并的《国家安全战略和战略防御与安全评估》（SDSR）重申了国家以及脆弱性和潜在的经济损失。2016 年，英国国家犯罪局（NCA）报告说，网络犯罪已经超过了其他形式的犯罪，对于增强司法和商业合作打击这一威胁的需求，感到压力很大。结果，2015 年 SDSR 和后续报告称，鉴于网络威胁的数量和精细程度增加，英国政府正在计划于 2016 年发布一个新的国家网络安全战略，而且最近建立的国家网络安全中心（NCSC）作为"产业和政府的桥梁"，"为私有和公共类似部分提供单独联系点"。

随之形成的是第二个"国家网络安全项目"，未来 5 年，英国政府计划差不多双倍投资于网络安全，最高达到 19 亿英镑（约 23.5 亿美元）。政府通信总部（GCHQ）将在这项战略的交付上以及与产业和学术的合作上，被公认为新中心最成功的"关键"部门。NCSC 将会在 GCHQ 扮演面向公众的部分，在网络安全问题上对各种体量的商业和各个部门提供权威性建议，帮助他们更好地理解网络威胁和削弱影响。

4.5 德国

4.5.1 持续推进数字战略

1983 年，互联网首次被引进德国，它借助了德国电信（一家政府所有并运营的企业）提供的叫做 Bildshirmtext（BXT）的早期数据网络服务。第一封从美国发出的以"欢迎来到计算机科学网络"为题的邮件，一年后到达德国，由此德国互联网正式成立。在 1995 年德国互联网接入向更广阔的商业市场开放之前，德国电信是德国唯一一家互联网服务提供商（ISP）。德国电信私有化后，其三分之一的股份仍由德国州和联邦政府控制，该公司依旧是德国占据主导地位的互联网服务提供商。

如今，随着 1990 年重新统一以来密集的资本支出，德国电信系统已成为世界上技术最为先进的系统之一，互联网普及率超过 86%。自互联网被发明以来，德国政府大力推动 ICT 发展，增强互联网连通性，成为诸多互联网相关项目的开拓者。事实上，德国是万维网建立以来全球首个实现图书馆数字化的国家。作为"信息作为创新的原材料"项目的一部分，德国数字图书馆"全球信息"项目于

1998 年成立。这一项目旨在推进与大学、出版社、书商、特别专题信息中心、学术团体以及学术和研究图书馆之间的合作。

德国是首个到 2018 年能为移动宽带分配 700 兆赫兹频段的欧洲国家。尽管无线宽带只覆盖了 20% 的农村地区，但德国的《数字议程 2014—2017》计划通过在这些偏远地区发展高速宽带，为所有家庭提供至少 50 兆 / 秒的下载速度，在 2018 年前解决这一问题。此外，IPV6 正在以超过 10% 的接入率快速增长。与此相比，2014 年 4 月时其他发达国家的平均发展速率只有 3.5%。

德国拥有一项清晰的数字战略，旨在提高竞争力、促进经济增长和社会福利。其强调，增强高速网络和信任将有助于"激发创新潜能以进一步促进增长和就业"。这一战略致力于通过增强制造业数字化和自动化，加大对 ICT 的工业化应用、IT 安全研究、微电子和其他数字服务的投入，将德国打造为互联网经济的领头羊。目前，德国 ICT 市场是欧洲最大、世界第四大市场，其巨大规模将有助于德国政府实现这一战略。

不过，德国在《2016 年国防白皮书》中承认，地理和人口上的中等规模是其在快速发展的世界中的主要挑战。尽管德国是世界第四大经济体，但其认识到"从长远来说……它将保持这个位置不变"的可能性较小。在 21 世纪知识社会中，国家安全与经济福利之间存在着直接关联。其还认为，出于对"安全供应链、稳定市场和有效运作的信息和通信系统"的严重依赖，并且这一"依赖还将继续得到强化"，"知识对德国来说是一种战略性资源"。

自 2011 年以来，德国政府在所谓的第四次工业革命中独占鳌头，其"工业 4.0"项目是《高科技战略 2020 年行动计划》的一部分。这一倡议鼓励企业进入物联网，尤其是 360 万中小制造商，后者贡献了德国 60% 的就业和将近 4000 亿美元经济体量的三分之二。德国政府投入 2 亿欧元（2.22 亿美元）鼓励跨政府、学界、商界的"工业 4.0"研究，以期增强高质量、低成本、高效率与经济增长之间的联系，获得这种密切联系所带来的成果。德国总理安吉拉·默克尔也正在说服整个欧洲接受这一倡议。她曾在 2015 年达沃斯世界经济论坛中指出："谁在数字领域取得领先，就将在工业生产中取得领先……而我们还未在这场竞赛中胜出。"

4.5.2 不断强化网络安全

作为世界 ICT 发展和应用领域的领导者，德国受到程度较高的网络犯罪、工业间谍、关键服务中断和其他恶意网络活动的威胁。2012 年，一个产业协会估计德国因知识产权被窃取而遭受的损失至少为其国内生产总值的 1.5%。据估计在 2013 年，每五个德国互联网用户中就有两位受到过网络犯罪的侵害，而受到网络攻击的企业和政府部门数量惊人。为应对网络威胁范围、规模和程度的上升，德国政府领导人表达了保护数字投资价值、维护国家和经济安全尤其是隐私和数据保护的意愿。然而，在直接涉及网络安全与应对不断上升的 IT 威胁所需的创新技术方面，"工业 4.0"目前的投入十分有限。德国正努力促进货物、服务、人员、资本和数据的跨境流动，与此同时，其还带领欧洲国家展开探讨数据保护需求的对话。这些目标是"欧洲单一数字市场"倡议的基石，也是欧洲和德国经济健康发展的关键。德国在汉堡主办 2017 年 G20 峰会，并利用这一平台强调各国增强网络安全能力和弹性的必要性。

4.6 日本

4.6.1 高度互联和数字依赖的国家

互联网第一次被引进到日本是 20 世纪 80 年代中期，开始是作为一个科学学术实验。之后又用了将近十年的时间，日本的家庭和办公场所才实现了互联网联通。今天日本已经是一个高度依赖互联网的国家，它的国民是世界上最资深的网民，拥有超过 90% 的互联网普及率。由于移动通信能一直保持在线，导致固定宽带的订阅量有所下降。目前，影响移动宽带订阅量的关键因素在于流畅性，为了缓解移动设备使用增加带来的带宽上的瓶颈，2017 年日本政府计划将分配给天气预报和业余无线电的频谱资源，分给无线移动通信，使其带宽加倍。

日本政府多年来一直在苦苦挣扎，作为世界第三大经济体，企图摆脱长期的经济停滞。目前，ICT 产业占日本国内生产总值（GDP）的 9%，这比前几年还要低，实际上日本在全球 ICT 市场的份额从 2014 年开始衰退。此外，相比其他亚太地区的稳步增长，日本 ICT 出口大幅降低，从 2012 年的 5% 降至 2014 年的 3.3%。日本政府认为 ICT 是促进未来经济增长的一种重要手段。预计到 2020 年，日本 ICT 产业规模将实现翻番，而其中大部分增长要归功于物联网（IoT）。日本政府还宣布了到 2020 年日本将成为世界上最先进的信息技术国家的目标，并通过促进开放的数据和研发、世界级的 ICT 基础设施以及更强大的网络安全态势，努力为 ICT 发展营造良好环境。

然而，网络安全对日本而言并不是一个新问题，安倍首相正在利用日本举办的国际会议，如 2016 年七国集团部长级会议、2020 年东京奥运会和残奥会，将网络挑战变成驱动日本安全和韧性能力议程的机会。事实上，安倍首相利用这些会议活动，将网络安全作为国家的一个优先事项，使得发展网络安全能力和韧性尤为紧迫。通过将这些努力与新兴的物联网市场接轨，安倍还将确保日本在更广泛的 ICT 经济市场中占据优势地位。

4.6.2 网络发展总体战略

日本政府认为，网络空间带来社会范式的转变，网络空间要向"社会 5.0"的范式转变。自 2015 年开始，日本政府认为日益严重的网络威胁和现实中的威胁相统一，制定了新的网络发展总体战略，为确保战略得以实现，在网络安全战略总部（Cybersecurity Strategy Headquarters）和国家网络安全事件应急及战略中心（National center of Incident readiness and Strategy for Cyersecurity，NISC）的指导下，相关政府机构将继续致力于提升他们的网络安全能力。在协调政府部门协作，促进企业、学术界、公共部门和私人之间的合作上，国家网络安全事件应急及战略中心将发挥主导作用。网络安全战略总部将设法确保和执行政府所需的预算，以便各项措施得以落实。

4.6.3 大力推进国家网络安全力量建设

上升为国家战略

日本第一个国家网络安全战略于 2013 年出版，第二个于 2015 年发布。日本政府从 2006 年开始就在发布的"第一国家信息安全战略"基础上，持续完善更新"国家网络安全战略"。2009 年日本出版了"国家信息安全战略"，2013 年信息安全政策委员会（现在的网络安全战略总部）发布了第一款专用的"国家网络安全战略"。2015 年 9 月，日本内阁批准了"国家信息安全战略"，这标志着国家高层对网络安全的高度重视。2015 年的发展战略是由 2014 年 11 月的"网络安全基本法案"确定的，规定了日本的国家网络安全政策必须遵循以下原则：信息自由流动、尊重公民权利、促进双赢合作。与 2013 年的战略相比，新的网络安全战略，更加突出了对信息通信技术领域中机遇与风险的有效结合。日本政府认识到，信息通信技术将作为一个潜在的经济增长点——通过创新（特别是作为物联网扩展）实现，但也是风险和不安全的来源。在许多方面，2015 年网络安全战略的重点放在商业机会、创新、与物联网相关的日本信息通信战略政策议程——日本"数字议程"上，这些都是基于一系列部长级的政策，如日本的"信息通信技术发展战略""日本振兴战略"和"宣言成为世界上最先进的信息国家"。在 2015 年的战略中，日本政府强调保护关键信息基础设施的重要性，这是一个优先领域，明确了确保关键信息基础设施的安全是保护多方利益所必需的。这些主要行业包括电力、供水服务、信息和通信服务，以及金融服务等。2015 年战略也指定了战略执行的主管当局——"网络安全战略总部"。总部成立于 2014 年，通过重组原先的信息安全政策委员会建立。网络安全战略总部作为国家网络安全的指挥和控制机构，为其他政府机构提供权威的意见建议。总部由内阁官房长官菅义伟领导，还包括外交部长、国防部长、贸易和经济部长、内政部长、全国公共安全委员会主席和部分由首相任命的专家。最后，在 2016 年 8 月，日本国家网络就绪准备和战略安全中心（NISC）发布了"安全物联网系统"构想，作为 2015 年国家网络安全战略的后续总体框架。

着力构建信息共享机制

为了建立协调的关系，日本政府支持公共和私营部门之间进行信息共享，并进一步扩大有关合作。这些措施包括增加网络的相关知识，行政机构和其他组织单位提供信息共享的功能，并分享有关经验等各种措施。每一个政府机构现在需要在他们各自的司法管辖区，与相关的组织和业务运营商密切的协调和合作，共享战略网络安全信息，为国家应对准备提供必要的建议。这与2015年，新的国家网络安全战略和关键信息基础设施保护的"基本政策第三版"一致，它强调协作和信息"网络空间相关的利益相关者之间的共享的重要性，包括与CII运营商，企业和个人"。

日本信息部技术推广机构（IPA）作为日本经济产业省（METI）的附属组织，是负责推动政府和关键行业之间信息共享的制度权威，已经与国内所有大公司建立了可靠信赖的关系。日本信息部技术推广机构（IPA），建立日本网络安全信息共享伙伴关系（J–CSIP），是一种公私合作，它提供了一个持续的信息共享平台，影响关键基础设施中网络安全事件的全网络响应。成员包括政府将合作的预防网络攻击的各公司和工业组织。此外，日本信息部技术推广机构（IPA）还与经济产业省（METI）、国家网络就绪准备和战略安全中心（NISC）、国家的电脑急救反应小组协调中心（jpcert/ CC）和网络救援咨询团队（J–CRAT）密切合作，对影响关键基础设施的所有重大网络事件作出反应。

根据2015年国家网络安全战略，日本政府打算加强和扩大信息收集、分析功能及活动，以更快速更高效地预见和侦查网络空间的威胁。

日本政府正筹划建立一个非常复杂的侦查、分析和危机应对组织，能即刻侦查和应对网络攻击。日本政府还将为2020年奥运会，加快成立一个专门的综合环境可靠性试验评估组织（CERT），负责这项重要国际赛事网络，作为和其他相关企业重要股东之间信息共享的核心机构。

在过去的十年里，日本一直积极参与网络安全，以及与通信、信息技术有关的外交和贸易谈判。事实上，日本外交部（MFA）外交蓝皮书，将网络安全作为该国外交政策的头等大事。为应对与日俱增的网络安全隐患，日本外交部近期成立了一个新的网络安全政策部门，由 15 名外交部官员组成，专门致力于促进制定网络空间法规。外交部计划将这个部门用于与有类似想法的国家开展协调，商议有关外交和法律工作，制定网络空间管理规定，以及支持发展中国家的能力建设。此外，日本定期参加涉及网络安全和信息与通信技术的国际和双边会议。2016 年 2 月，日本签署了跨太平洋伙伴关系（TPP），确立了包括网络安全、电子商务和加密义务。日本目前也参与到区域综合经济伙伴关系的谈判中，其中包括许多网络相关提议——从版权到禁止网络转播广播。作为瓦塞纳尔军用和军民两用产品及技术的出口管制安排的参与国，日本同意限制互联网监视的销售，并且专门修改了能避开监视工具或打败侵入软件的政策。此外，日本积极代表了日本—东盟信息安全政策会议、日本—美国网络对话、日本—美国网络经济的政策合作对话和日本—美国防御政策工作组。最显著的是，在国际安全背景下，在信息和电信发展领域，日本正通过积极参与联合国政府专家组（UNGGE），编写报告来形成国际标准。2012 年，日本外交部承认国家法适用于网络空间，这在 2016 年 5 月日本召开的 G7 会议期间再次得到认可。

不断加大研发投资

2011 年"信息安全研究和开发战略"再次强调，日本政府支持对于 2005 年以来以"科技研发大挑战项目"为题开展的公私通信技术研发。该项目寻求长期和短期综合研发，强调改变日本信息与通信技术安全环境，例如创新型信息与通信技术（即云计算），以应对复杂而广泛的威胁（如高级持续的威胁），建立信息与通信技术系统在面对自然灾害时的适应能力。尽管这个项目取得了一定进展，但是政府的信息安全预算，从 2006 年至 2010 年的 91.2 亿日元（8810 万美元）跌至 48.6 亿日元（4300 万美元），降低 47%。政府的 2011 年研发战略将它描述为和其他国家不断增长的研发预算相比是"令人悲伤的"趋势。2013 年，日本国家信息安全中心（现为国家网络安全事件准备就绪和战略中心）称，日本缺少 8 万名信息安全工程师，现在工作的网络安全专业人员，缺乏能够有效抵制在线威胁的技能。为了准备主持召开 G7 会议和 2020 年奥运会，日本内政与通信部要求，从 2016 财政年开始，未来 4 年内，由政府提供与奥运会有关的大约 200 亿日元（1780 万美元）资金。该项资金可以用于培训当地政府、学校和企业相关人员。内政与通信部将监督与奥运会有关的应对网络袭击的准备情况。此外，2013 年日本网络安全战略强调将降低税收作为一种企业激励，让中小型企业增加信息安全方面的投资。与此相同，2015 年网络安全战略突出了振兴经济的重要性。根据 2014 年的数据显示，小公司获得 12% 的研发费贷款，而大公司获得 8%—10% 的贷款。对于注重研发的公司，可利用的税收鼓励额度也更高。这些税收鼓励不仅仅注重网络安全和信息与通信技术，但是目前尚不清楚，日本是否有鼓励商业网络研发的特殊政策。

4.7 印度

4.7.1 不断谋求信息时代领先地位

20 世纪 70 年代，印度电子部（DoE）开始与联合国开发计划署（UNDP）制定战略，将计算机带入印度。这一行动，对于印度社会的信息化和促进经济发展至关重要。1985 年，国家科学技术中心成立，负责建立了印度第一家互联网服务提供商（ISP），教育研究网络（ERNET）——主要针对学术和研究机构的互联网平台。ERNET 引入 "in" 扩展名并为印度学术机构提供第一次国际连接。当时接入互联网的三大主要倡议之一就是要连接印度的社会、学界和政府。最初为政府所有的印度计算机维修公司（CMC）在 1977 年转为公共有限公司，由此启动了印度第一个公共网络——INDONET 网络，并于 1986 年开始运营。INDONET 的目标是在国内创建互联基础设施和文化，并最先向公共和私营实体提供电子邮件、文件传输服务、应用程序和数据网络。最终，基于卫星网络的国家信息中心网络（NICNET）将中央政府与州政府和地方管理员连接起来，在人口普查、医疗服务、选举结果、国家政策和其他政府服务方面启用双向信息共享。

1995 年互联网开始普及到印度公众，由此中央政府将互联网作为支持经济增长、创造就业、更高效的政府运作和提高公共服务访问的催化剂。然而，今天印度的互联网普及率仍是亚太地区中最低的，只有 26% 的人口连接到互联网，远落后于中国和巴西等其他大型发展中国家。印度有近十亿人还没有连接互联网，是世界上最大的离线人口国家。但是，2016 年非官方统计数据表明，印度的互联网普及率正在提高。

政府继续推动数字化，向所有的印度人民提供电子政府服务。但是，由于离线人口规模巨大，这些目标仍然难以实现。例如，2006 年印度政府启动了国家电子政务计划（NeGP），启动了 31 项以公众服务为中心的任务模式项目（MMPs），包括养老金、缴纳所得税、银行和保险服务等。虽然许多项目在全国范围得到实施，但 NeGP 最终没有达到预期目标。在过去的十年里，印度持续推动发展这些倡议，在塑造未来的计划中先前的挫折和教训发挥了重要作用。其中，Aadhaar 生物识别方案是一个较为成功的电子政务项目，这是世界上最大的国家身份证号码计划，由印度身份证主管部门（UIDAI）领导。这个生物工具是一个由 12 位数字唯一标识的文件，包含人口和其他生物特征数据的细节，能够向印度居民及时有效地提高福利和服务，现在超过 80% 的人口在使用这一工具。虽然这个计划允许更多的公民访问电子政务服务，但批评人士担心这个大型信息库可能被政府监管所滥用，或是受到犯罪分子的破坏，非法利用这些信息。

把印度变成一个"数字授权社会和知识经济"是当前政府的主要目标之一。总理纳伦德拉·莫迪在 2015 年的数字战略中提出"数字印度"构想——这项全面经济计划以创造就业为优先任务，通过创新和健壮的通信互联基础设施来实现。由于意识到连通性支撑着经济增长，该计划提出提高电信服务的措施，包括加快宽带部署，至少达到 50%（目前约为 7%），普及移动互联网的接入率，在印度农村地区增加 30%（目前约为 45%）。如果成功实施，该计划可以产生双重效应：①吸引外国直接投资；②增加高科技出口，进而产生额外的 9% 的 GDP 增长率（约 1800 亿美元）。此外，"数字印度"构想鼓励信通技术为医疗部门、知识管理和金融服务等产业创新提供解决方案。该计划有许多其他相关项目，如"印度制造""技能印度""创业印度"和"印度站起来"等，旨在进一步鼓励年轻一代和 IT 行业创新，开发创新的解决方案，促进印度第二大进口产品电子设备的国内生产。印度的这个"数字革命"正是要充分实现信通技术的经济效益。"数字印度"的实施由电子和信息技术部（Ministry of Electronics and Information Technology，MeitY）协调，前身为电子和信息技术部门（Department of Electronics and Information Technology，DeITY）。行动计划包括核心 ICT 基础设施的建立、拓展和现代化，明确提出特定的里程碑和目标，预计在 2018 年中完成。

上述这些计划继续将印度定位于 ICT 全球市场的领导者。2016

年，印度 ICT 行业贡献了 1430 亿美元的收入，1080 亿美元的出口，大约 370 万人的就业机会。电子商务是印度增长最快的市场，由于公司采用基于本地的电子商务、创新移动平台和在线支付解决方案，自 2015 年以来电子商务增长了 20%（约 170 亿美元）。由此，一些印度 IT 服务公司，如 Wipro 和 Infosys 逐渐成为世界市场中的全球竞争者，而其他如 Flipkart 公司（网上购物）、Quikr（在线市场）和 Nauki.com（招聘网站）正在成为国内电子商务快速发展空间中的主要参与者。

尽管印度的数字战略拥有产生更大数字红利的潜力，并且已经相当成功地吸引到 ICT 领域的外国直接投资，但政府尚未使网络安全与经济活动同等优先。网络安全对印度不是一个新问题，政府现在认识到网络安全还可将网络挑战转化为机遇，推动印度 ICT 的安全和韧性。在启动"数字印度"时，莫迪把网络风险比作"不流血战争的全球威胁"，宣称"印度要在应对全球网络威胁中扮演重要角色"，而且他的国家"可以提供创新和可靠的解决方案……确保整个世界生活在和平之中"。

4.7.2 网络安全方面面临巨大挑战

虽然国家统计数据并不容易获得，但印度连续高居两项国家排名，一是在网络攻击起源国排名中名列第三，仅次于美国和中国；二是在网络犯罪和恶意软件的攻击目标排名中位居首位。对黑客而言，像印度这样的国家是一个很有吸引力的目标。因为他们经历了ICT 应用、电子商务活动、网上银行和金融交易的快速增长，但连通性的提高并没有伴随更高的安全意识。印度最高法院委托的一项研究表明，2013 年由恶意软件、身份盗窃和网络钓鱼等网络犯罪造成的损失超过 40 亿美元。2015 年，印度国家安全顾问多瓦尔（Ajit Kumar Doval）将网络安全列为印度面临的主要国内安全挑战之一。

尽管印度提出加强网络安全的相关举措，如 2008 年出台《信息技术（IT）法案》，最近专门成立国家网络安全协调中心（National Cyber Security Coordination Centre，NCCC），到"数字印度"承诺努力建设安全的网络空间，但印度的基础设施保障和韧性、法律和监管措施，以及更广泛的经济改革都还没有跟上莫迪总理数字革命的设想。而这些又因印度缺乏一个专业的网络安全劳动力和在线离线人口在数字、教育、收入、性别上的持久差异而被放大。此外，印度 2013 年发布的"国家网络安全政策"缺乏一个实施计划，政府目前大多数政策可以说是"零打碎敲"。批评人士还指出，最近一系列网络间谍攻击表明印度缺乏一个具有弹性的网络和一个协调的安全响应机制。最后，身居高层的国家安全官员注意到在授权保护印度关键信息基础设施的各机构之间缺少一个综合的途径。总之，在国家级网络风险防范方面，印度仍有很大差距。

印度面临着许多挑战，在前进道路上很难将网络安全确定为优先事项。事实上，印度的主要目标是保护法律、秩序和安全。过去和持续的挑战一直主导着国家安全议程，包括当前感知到的与分离主义、宗派主义、恐怖主义和军事有关的威胁。改善国家的网络安全态势需要投入足够多的资源，以及提升其对未来印度国家和经济安全的重要性。

4.7.3 把 IT 产业作为主体进行发展

印度在 1950 年成为民主共和国，政府早在 1955 年至 1956 年就引进了 IT。IBM 是印度 IT 产业化的主要参与者。但即使在经过了之后二十年的发展，在财政上，国家仍然挣扎求存。那时限制性的经济政策是普遍的。少数地方软件公司迎合了少数几个政府机关和部门，但由于当时的经济政策，国内软件市场微乎其微，出口软件的范围有限。但是一路走来，印度软件公司又有了一个机会。美国的一些 IT 公司缺乏技术熟练的工程师，印度公司通过出口技术人员来弥补这一缺口，以扩大美国软件开发团队的人员队伍。TCS 成立于 1968 年，是最早采用这种将印度工程师安置在海外的商业模式的印度 IT 公司之一。美国正面临技术人才短缺的问题，借此可满足 IT 行业的需求。由于印度技术人才的成本相对于美国来说是非常低廉的，所以这种情况是一个完美的商业机会。印度的工程专业毕业生对英语有着较好的把握，这为拥有这样一支劳动力的少数印度 IT 公司提供了一个很好的机会。这种商业模式持续了几年。

1991 年是印度经济史上重要的一年。当时的政府在开放的经济领域引入了改变游戏规则的改革。对于 IT 行业来说，印度执行项目的条件有利，商业战略开始从提供人力转向提供来自印度的软件服务。很快，很多 IT 公司开始疯狂起来，IT 项目开始外包到印度。TCS、Infosys、CTS、Wipro 和 HCL 是一些开创性的软件服务提供商。印度 IT 行业在走上了成长之路后，成为主要的就业机会提供者，成为国家经济的主要贡献者。印度 IT 行业的总收入现在达到了 1400 亿美元以上。印度也已经成为 IT 外包最受欢迎的目的地，在全球 IT 采购市场占有超过 50% 的份额（NASSCOM，2016）。

印度拥有 12.5 亿人口。其中 66% 的人口在 35 岁以下，约 17% 的人口处于 20 岁—30 岁（2011 年注册总署和人口普查专员办公室统计数据）。印度每年培养 60 到 70 万工程毕业生（AICTE Dashboard，2016）。印度 IT 行业在过去十年中一直是政府可以依赖的默认支柱行业。印度 IT 行业现在雇用了 370 万人（NASSCOM，2016），使其成为该国最大的私营部门雇主。除了作为就业引擎之外，印度 IT 行业在印度经济增长中扮演着重要角色的另一个原因是对国家 GDP 的贡献。印度 IT 产业对国内生产总值的贡献也在稳步增长，从 2006 年的 4.8% 上升到 2016 年的 9.5%。这对于一个年轻的工业来说是一个了不起的成就，印度过去是一个以农业为主国家，直到 20 世纪 80 年代，GDP 的主要贡献行业也是农业。衡量印度 IT 行业实力的一个指标是其总收入。根据印度政府发布的"国家信息技术政策"，印度 IT 行业在 2012 年的收入为 1000 亿美元。2016 年，印度 IT 行业的总收入预计达到 1430 亿美元（NASSCOM，2016 年）。印度 IT 产业的收入从 1996 年的 12.5 亿美元大幅增长到现在的 1000 亿美元以上。

4.8 韩国

4.8.1 高度重视网络社会开发与应用

电子竞技是韩国的"国家产业"，受到了国家的极大重视。不仅如此，韩国更是全球公认的互联网基础设施比较完善的国家之一，拥有全球最令人羡慕的逆天网速。其互联网的发达程度，足以令他国艳羡。

韩国已实现无线网络全国覆盖，上网速度冠绝全球。经济合作与发展组织（OECD）公布的统计数据显示，2014 年韩国无线宽带普及率为 106.5%（包括一人持有多台移动上网设备），而早在 2011 年末，韩国无线宽带的普及率就已达到 100.6%，成为经合组织成员国中第一个突破 100% 的国家，并且连续 6 年位居经合组织国家榜首。如今，韩国已经基本实现了全网覆盖，几乎所有公共场合都会有免费的 WIFI。拥有超过五千万人口的韩国，有超过 88% 的活跃互联网用户。国际电信联盟（ITU）公布了 2015 年全球网络连接最好、速度最快的国家和地区排名，韩国位列第一。韩国平均网速为 22.2Mbps，比排名第二的香港高出了 32%，这一速度相当于美国的

2 倍，中国的 6.5 倍。韩国在这份排名中已多年占据榜首，网速冠绝全球。

4.8.2 网络游戏与聊天是网络生活主体

调查显示，韩国网民投入时间最多的便是玩游戏和社交通讯。这种现象是跨越代际差别的，对于任何年纪的人来说，游戏和社交都占据了可观的时间，达到上网时间的 1/3 以上，是广大网民生活中不可替代的重要部分。暴雪公司推出的现象级热门网游"守望先锋"（OverWatch）高倨榜首，其次便是曾经一度占据榜首数年的"英雄联盟"（LOL）。韩国热门网游的占比结构同大部分国家相似，好玩的游戏总能勾起全世界游戏爱好者的共同兴趣。根据市场调研公司 Newzoo 发布的 2014 年度全球游戏产业调查统计报告来看，韩国以 33.6 亿美元的年产值位居全球第六。自 1998 年以来，在"文化立国"战略指引下，韩国政府除对网络游戏产业给予巨额投入外，在政策、税收、配套等方面也给予了最大便利。经过十多年发展，韩国网络游戏产值超过了汽车制造业，跻身国民经济的支柱产业之一。

韩国热门社交软件，作为韩国的本土聊天工具——kakao talk 是韩国人最常用的通讯工具，就像微信在中国的地位一样难以撼动。在拥有 5000 万人口的韩国，其产品月活跃用户数 4800 万，在韩国智能手机用户中的渗透率为 95%。Kakao 的业务范围从社交向电商、支付、广告、游戏等各个互联网领域进行拓展。尤其在聊天表情、游戏分发和社交电商领域，Kakao 的成功启发了后续众多移动社交产品。2014 年 10 月,Kakao 完成与韩国第二大网络门户 Daum 的合并，成为一家上市公司，更名为 Daum Kakao，市值约 70 亿美元。

4.8.3 电商发展滞后

韩国电商的发展本应更加迅猛，但一些过时的政策限制了这种可能，其中最受诟病的就是电子证书强制使用制度，买家如果想在韩国网购必须下载公共证书。韩国 1999 年制定的《电子金融监督规定实施细则》规定,电子支付金额超过 30 万韩元（约人民币 1700 元）必须使用电子证书，因韩国网上商城的支付程序过于繁杂，在韩的外国人甚至很多韩国人也倾向于使用 Amazon 和 eBay 等国外网站购物。仅 2013 年,韩国本地人在国外购物网站的消费额高达 1 万亿韩元，而在韩外国人在韩国购物网站的消费额仅有 2000 亿韩元。通过调查进一步证实,韩国网民的网购满意度并不高,其中商家信誉排名垫底，商品性价比排名倒数第三。可见韩国网民的网购体验并不算太好。

与此同时，中国电商敏锐地察觉到韩国网购市场有"可乘之机"。2015 年，阿里巴巴与京东便先后前往韩国考察市场，分别铺设菜鸟网络、开设韩国馆。2015 年底，中韩自贸协定的正式生效更是推动了中国电商进军韩国的热潮。韩国网购市场的战争，才刚刚打响。

总而言之，韩国互联网作为其"文化立国"战略的支柱产业，在韩国人民的生活中有着不可替代的地位。韩国网民投入大量时间和金钱于网络游戏、社交聊天和在线观看视频中，有着丰富的网络生活，这种全民上网的氛围也推动了产业经济快速发展，其互联网经济价值占 GDP 比重为 7.3%，位居全球第二。与此形成对比，韩国的网购市场却不似中国电商井喷式的爆发，增长率持续放缓。但对于网购市场并不意味着没有突破空间，尤其是韩国偏低的网购用户满意度，对于注重用户体验的中国互联网企业来说，可谓是一块可供大肆开发的潜力市场。

4.9 以色列

4.9.1 确立网络空间世界领导地位的国家战略

在中东，以色列长期被伊斯兰国家视为异类，十分严峻的安全问题同样映射到了网络世界。与西方发达国家相比，以色列地处战乱不断的中东地区，恶劣的生存环境、强烈的不安全感，从根本上塑造了以色列整个国家的思维方式，也给以色列的网络安全打上了深深的烙印。

由于长期遭受网络攻击的威胁，在世界范围内，以色列是最早意识到信息安全对于维护国家安全的重要性的国家之一。早在 20 世纪 90 年代初，因特网刚刚兴起之时，以色列政府就将加强国家网络建设提上议事日程。1997 年，以色列政府主导成立了"特西拉分队"，即"因特网时代的政府基础设施"，以保护政府各部门连接因特网并提供安全的信息基础设施。特西拉分队下设计算机紧急应对小组，它从一开始就致力于信息安全问题，成为以色列政府推进信息化建设的主导力量。1999 年，以色列政府建立了一个特别部门——政府信息安全中心，以确保"敏感信息"安全，并对其涉及的军事和民用部分进行了明确区分。

进入 21 世纪，为了形成统一的国家信息政策，以色列政府指派国家安全委员会制定信息技术发展规划并通过了名为"保护以色列国计算机系统的责任"的 B/84 号特别决议。该决议决定建立两大监管机构："保护国家计算机系统最高指导委员会"和"保护国家关键计算机系统小组"，其中最高指导委员会由国家安全委员会的首脑出任主席，其成员由政府部门高管、以色列银行代表、国防军代表共同构成。B/84 号特别决议宣布在以色列国家安全总局（辛贝特）之下建立国家信息安全局，负责对以色列信息安全的关键基础设施进行监管并提供建议。B/84 号特别决议使以色列成为首批采取关键基础设施保护政策的发达国家之一。

2010 年在以色列网络空间发展史上具有十分重要的意义。为了应对网络安全威胁、建设网络安全强国，以色列总理参照美国网络安全评估政策，要求国家安全委员会就网络安全问题以及以色列的应对进行评估，并任命退役将军、经济部国家研发委员会主席以撒·本·以色列（Isaac Ben Israel）为总理网络事务首席顾问，负责制定以色列的国家网络发展规划。以本·以色列为首的国家网络行动小组下设 8 个分委员会，包括来自国防和军事部门、学术界、研发部门以及以色列政府各相关部门（财政部、经济部、科技部）等许多领域的专家。国家网络行动小组对以色列网络安全的挑战和机遇进行了充分的评估，形成了国家网络倡议，其目标是使以色列在五年内成为全球前五的网络强国，保持以色列作为信息技术发展中心的国际地位，为其提供在网络空间领域超级大国般的能力。

2011 年，以色列政府颁布名为"提升国家网络空间能力"的第 3611 号决议，该决议被视为以色列网络安全政策的指导方针，通过鼓励学术界、产业界和私人、政府以及军情等部门的合作，以提升国家在网络空间方面的能力和确保以色列作为网络技术中心的地位，进而帮助以色列应对当前和未来的网络安全挑战。该决议决定建立以色列国家网络局，简称 INCB，直接对总理负责，其主要职能包括：制定国家网络政策和网络战略；推动政府机构、军情部门、学术界、产业界及其他相关部门就网络安全进行协作；促进以色列的网络技术研发与网络安全产业；加强网络安全方面的国际合作。国家网络局通过一系列举措，推进以色列的网络安全防御能力，进而打造以色列在网络领域的领导地位。在建设网络强国的战略目标上，以色列提出要巩固其作为世界网络空间五大强国的优势地位。在顶层设计上，以色列提出将继续推动立法工作的跟进，确保网空治理领域的立法设计与技术发展能实现协调统一；在人才教育培养上，以色列明确提出要全面提升社会民众的网络安全意识，在全社会范围内普及网络安全教育，坚持"网络安全全民皆兵"的原则，从小学阶段就设立网络安全常识课，让网络安全教育惠及大众；在技术研发创新上，政府将积极鼓励国内的高等院校开展网络安全领域的跨学科建设，鼓励公司企业和社会组织组建技术攻关的协同创新中心。

4.9.2 大力加强网络安全能力建设

在世界各国中，以色列较早建立起健全的网络安全维护机制，不仅形成了较为完备的国家网络安全战略，更重要的是，构建了以"网络防御 + 技术研发"为中心的网络安全生态系统。通过政府层面、军情部门、民间领域（包括产业界和学术界）等各部门之间密切合作而形成的生态系统成为网络安全的基本保障，不仅有效治理了以色列网络安全问题，而且将之转化为创新创业的重要契机，实现了安全与经济的双赢目标。

2015 年，根据以色列政府相继通过的名为"提升国家在网络安全方面的规范和政府领导力"的第 2443 号决议和名为"提升国家对网络安全的准备"的第 2444 号决议，正式建立国家网络安全局，其职能是监管网络防御行动以对网络攻击提供全面的应对。在国家网络安全局之下设立国家网络紧急应对小组，以增强以色列应对网络威胁的防护能力。国家网络安全局与国家网络局一起运作，共同构成以色列国家网络指挥部。

近几年来，以色列网络安全工作面临新的使命任务。网络空间成为继陆海空天之后的人类第五大新领域，网络已渗透到社会生活的各个领域，强化网络的态势感知、推动威胁情报的共享、深化安全合作的军民融合是最近一段时期以来以色列政府网络安全改革进程中的一项重要任务。为了积极应对各种网络安全威胁，国家网络局制定了以色列总体性的国家网络政策，旨在增强以色列在网络安全领域的全球领导地位。同时，以色列总理办公室授权国家网络局公布了国家网络安全战略，国家网络安全战略规划了以色列国家网络战略的基本思路。以色列国家网络战略的目标是通过加强不同部门之间的合作以提升网络安全，维持以色列作为全球网络强国的地位，同时实现经济、技术与外交利益。由于网络空间超越了传统的国界，其威胁程度也远超常规安全领域的威胁，对此，以色列实施了总体性的国家网络安全战略，致力于打造以色列的"数字化边界"，从而有效应对各种网络安全威胁、打造网络强国地位。

以色列国家网络安全战略明确了未来网络安全发展的指导原则：一是稳固性，即不断强化政府的网络安全风险管控与综合治理能力，提升核心部门、重要领域和关键基础设施的安全防护水平，确保网络安全保护的坚实可靠、有力抵御网络威胁的恶意攻击；二是灵活性，即重视灾备恢复能力的建设，确保核心部门、重要领域和关键基础设施的网络运行设备在遭受网络攻击后能及时平稳恢复，进而将网络攻击的危害降至最低；三是预警性，即加强以色列在网络安全态势情报感知和威胁信息共享等领域的能力建设，对敏感事件和敏感人物做到早发现、早处理、早防备，进而确保安全预警的及时、准确和高效。

同时，以色列网络安全战略还进一步提出，要在以色列境内构筑国家网络空间治理的安全"生态圈"，利用"技术创新能力"、"安全产业能力"、"学术科研能力"和"政府治理能力"所形成的优势合集，全力打造网络安全的防护屏障。战略中明确表示，今后以色列政府每年将投入专项资金对国内的 250 多家网络安全企业进行资金扶持；在国内的知名高等院校内建立至少 5 个网络安全科研卓越中心；政府还将积极鼓励年轻一代参与国家的网络安全事业，挖掘青年人的优势潜能，进而为网络安全的治理提供强而有力的智力支持。

以色列总体性的国家网络战略包括以下要素。第一，集中统一的网络安全总局是维护网络安全的核心主导。它体现为以色列国家网络指挥部下的国家网络局和国家网络安全局，这两大机构负责以色列国家网络体系的管理和运作。第二，不同层次的网络防御目标是维护网络安全的具体手段。集中统一的网络安全总局负责威慑，军事部门负责反击，而法律机构负责调查犯罪和反恐。第三，国家能力建设和网络安全生态系统是维护网络安全的基本保障。网络安全需要以先进的技术作为支撑，而这需要技术研发部门的配合，尤其是政府机构、军情部门、学术界、产业界之间的合作。

4.9.3 较早将网络技术应用于军事领域

以色列是世界上较早将网络技术应用于实战的国家，由于现代战争的需要，以色列军事情报部门对网络技术有着高度的追求。以色列军情部门中负责网络安全的主要机构为 8200 部队和 C4I 司令部，另外辛贝特等也承担了部分职责。首先，军事情报局下设的"8200部队"作为以色列国防军的高科技分队，是承担网络防御和网络战任务的主力。该部队集中于网络战的三大领域：情报搜集、密码编写和网络攻防。以色列国防军还在8200部队之下成立"网络参谋部"，以指导和协调以色列军队在网络空间方面的行动；隶属于8200部队的"马姆拉姆"，为以色列国防军各兵种和总参谋部提供数据处理服务。其次，创建于2003年的"C4I司令部"，负责国防军的电子通信和组织网络防御能力。2011年，以色列国防军总参谋部在C4I司令部下建立了网络防御司，负责保护国防军的网络体系。此外，辛贝特也承担了保护政府系统、国家基础设施和金融数据等的部分职责。为了增强军事情报局和C4I司令部之间的合作，2009年设立了玛特佐夫网络分队，负责搜集以色列的对手在电脑黑客方面的情报，同时为国防军、辛贝特、摩萨德等编写密码。为了加强以色列的网络实战能力，以色列国防军与国家网络局正在实施一系列研发计划以提升以色列军队应对网络袭击的能力。2012年，国家网络局与国防部研发中心联合宣布建立一个军民两用的网络安全研发计划——马沙德计划，促进网络安全研发项目以服务于国防和民用目的。2013年，国家网络局与首席科学家办公室合作启动了"卡迪玛计划"，即"促进网络防御研发计划"，以促进以色列网络防御的研发活动。该计划有两大目标：一是进一步发展以色列的网络基础设施；二是为以色列公司在全球市场确立优势地位。2014年，以色列宣布启动"数字铁穹"计划，具体由国防部研发中心负责开发，计划建立一个庞大的网络安全系统，保护以色列的关键信息和国防系统，该网络安全防御系统将分为四个层次：确认网络威胁、保护现有系统、清除网络威胁和实施网络反击。"数字铁穹系统"无需对目标主动发起攻击，而是为以色列国防军和以色列政府提供网络攻击的准确来源，进而提升自身防御能力。

为了应对愈演愈烈的网络恐怖活动，统筹整合军情部门下的众多网络防御单元，并指挥以色列的网络战，2015 年，国防军总参谋部决定建立网络司令部，以领导以色列军队在该领域的行动。网络司令部是以色列国防军序列中继北方军区司令部、中央军区司令部、南方军区司令部和后方司令部之后设立的第五个司令部。新的网络司令部将使以色列国防军在这些战线上有更好表现，也将充分利用以色列现有的技术和人才优势。网络司令部这个新机构的出现，反映出以色列国防军对于网络战的高度重视，主动把握网络时代的军事发展潮流。

以色列的 8200 部队类似于美国的 NSA（国家安全局）或英国的政府通信总部，内容包括公共领域信息分析、特工行动、特殊信号情报，是以国防军中规模最大的独立军事单位，长期负责破译来自中东、亚洲、非洲以及欧洲地区的政府、国际机构、外国公司、政治团体以及个人的邮件及电话录音等，被情报专家认为是世界上最令人生畏的网络间谍部队。

第五章

世界网力发展趋势

5.1 以科技创新为核心的总体网络力量是大国竞争的新态势

网络信息技术发展与应用，已经从局部、单一、线性走向了全域、融合、综合，单靠某一方面的制胜已经不适应新的发展了，而技术仍然是第一位的支撑，由此在未来大国网络力量竞争中将会形成以网络科技创新为核心的总体网络实力的较量。

随着经济全球化和数字经济的不断发展，国际科技合作越来越深入，全球范围的网络科技创新合作已成为世界科技发展的重要推动力。通过国际科技创新合作，不仅可以促进各国科技创新资源的互补共享，更好地整合优化全球科技资源和要素，还可以充分利用各国的比较优势，降低科技创新的成本和风险，提高创新效率和水平。为此，网络信息科技领域作为创新的高发地带，成为全球各个政府、组织、机构创新的竞争高地，是全球研发投入最集中、辐射带动能力最大的领域。

目前，信息科技领域涌现出很多颠覆性的创新技术，包括人工智能、移动互联网、物联网、量子信息、新型半导体、区块链、大数据＋等。大国在网络信息技术创新方面更加关注：一是人工智能。2016 年 3 月，轰动全球的人机大战使人工智能（AI）重新回归大众视野，引起了全球科技公司、政府和投资界的广泛关注。人工智能是通过研究人类智能活动的规律，构造出具有一定智能行为的人工系统。AI是基于对人类智能的模拟，构造出具有学习能力的"头脑"系统，将会极大地推动各行各业的智能化进程，也将极大地推动全球经济和社会的智能化和现代化进展。二是移动互联网与物联网。物联网已成为全球各国发展战略，研究方向主要集中于典型方向和家庭的物联网应用，包括零售、物流、医药、食品、健康、智能家居和交通等领域，主要解决自动化监控、通信、医疗监控与个人护理、供应链管理、产品跟踪等问题，为经济提供新的增长点也促进经济结构转型，使人类生产与生活步入自动化、智能化时代。三是量子计算与量子通信。通过量子系统的各种相干特性，包括量子并行、量子纠缠和量子不可克隆等，进行计算、编码和信息传输的全新信息方式。而量子计算是新型结构的计算模型之一，量子计算和量子通信是量子力学、计算机科学与信息论等交叉融合的新型学科。四是半导体与新型半导体。中兴被美国制裁事件，使民众对我国具有自主知识产权的芯片研发能力产生巨大担忧，也使得国内各公司企业意识到芯片对于一个企业发展的重要性。芯片特别是高端芯片的核心技术是国家的核心竞争力。新型半导体材料具有更大的近代带宽、电子饱和、漂移速度更快等特点，能够制造出具有优异光电性能、高速、高频、大功率、耐高温和高辐射等特征的半导体器件。因此，吸引了许多国家科研机构和大公司投入。

5.2 国际合作、博弈与对抗交织成为世界网络力量着力的新模式

　　随着世界网力的发展，一个国家单打独斗、封闭发展将成为过去式，更多是要依靠合作，在合作中博弈与对抗。各国将不断深化网络空间国际交流合作，在相互尊重、相互信任的基础上，加强对话与合作，共同构建和平、安全、开放、合作、有序的网络空间，建立多边、民主、透明的全球互联网治理体系。

　　第一，各国之间相互尊重各国自主选择网络发展道路、网络管理模式、互联网公共政策和平等参与国际网络空间治理的权利，不搞网络霸权，不干涉他国内政，不从事、纵容或支持危害他国国家安全的网络活动。政府、国际组织、互联网企业、技术社群、民间机构进一步加强沟通与合作，在全球互联网治理体系中发挥与自身角色相匹配的作用，实现共同参与、科学管理、民主决策。

　　第二，各国一起积极建立网络空间的国际合作公约，共同推动互联网设施互联互通，共同管理互联网基础资源，共同享有平等参与互联网治理的权利。中国、俄罗斯等国向联合国大会提交"信息安全国际行为准则"，共同探讨制定"网络信息安全国际公约"，包括尊重主权原则、尊重公民基本权利的原则、保障信息安全和互联

网自由的原则、国家行为合法性原则、企业自律原则等基本原则，以及网络信息使用准则、网络信息安全建设原则等。

第三，各国通过各种国际合作交流平台积极开展网络空间技术领域国际交流与合作，坚持推进互联网领域开放合作，相互创造更多利益契合点、合作增长点、共赢新亮点，大力支持基于互联网的各类创新，推动彼此在网络空间优势互补、共同发展，让更多国家和人民分享信息社会发展成果和网络安全领域经验，共同推动全球数字经济发展。

第四，加强网络空间的国际反恐法律合作，针对网络空间国际恐怖主义发展的新特点、新趋势，建立网络识恐、防恐、反恐的协同机制，加强国际间互联网情报共享，共同保护公共基础设施，维护共享数据，严厉打击网络恐怖主义活动，合力打击网络攻击、侵犯隐私行为，以及利用网络空间进行的恐怖、淫秽、贩毒、洗钱、赌博等犯罪活动，共同维护网络空间安全。

5.3 探索新型技术仍然是世界网络力量发展的新动能

世界网力的技术发展趋势，将随着云计算、大数据、物联网、区块链、人工智能、信息通信、移动互联网、先进计算等新一代信息技术的飞速发展，在网络信息化和网络安全技术领域呈现更多的新趋势，主要国家更加注重基础科技、空白科技和影响整体的全域科技的研究。

（1）各国纷纷加快网络空间技术竞争，加强安全可控关键信息基础设施建设和安全保障，防范各种网络间谍活动。2018 年全球关键信息基础设施均遭遇大量来自外部、内部的网络攻击，2018 年12 月俄罗斯国家计算机事件协调中心副主任尼古拉·穆拉绍夫表示，俄罗斯发现、预警和消除对俄信息资源网络攻击后果系统显示，2018 年俄罗斯重要信息基础设施受到的网络攻击超过 43 亿次。各国已非常重视加强防范国家间的网络间谍活动，加强国家层面网络空间技术的竞赛。

（2）各国在加快云计算和云服务应用发展的同时，也加快解决云安全问题。随着云计算的发展，需要多种云环境并存来适应新的业务发展，混合云解决方案成为趋势，IDC 预测，全球未来混合云将占据整个云市场份额的 67%。随着业务需求和竞争压力的提升，云计算给敏感数据和重要业务的安全带来安全挑战，多云部署的安全性也需要进一步解决，为有效保障云计算应用的安全，还需构建面向云计算应用的纵深安全防御体系。

（3）大数据分析处理技术快速发展，大数据安全保障亟待完善。信息技术与经济社会的交汇融合引发了数据迅猛增长，数据已成为国家基础性战略资源，大数据正日益对全球生产、流通、分配、消费活动以及经济运行机制、社会生活方式和国家治理能力产生重要影响，大数据分析处理技术也快速发展以提升数据分析能力，为有效处理复杂问题提供新的手段。大数据安全风险伴随大数据应用而生，随着互联网、大数据应用的爆发，数据丢失和个人信息泄漏事件频发，地下数据交易黑灰产造成数据滥用和网络诈骗，并引发恶性社会事件，甚至危害国家安全，大数据安全保障体系急需完善。

（4）在供给侧和需求侧的双重推动下，物联网迎来快速发展。5G、低功耗广域网等基础设施加速构建，数以万亿计的新设备将接入网络并产生海量数据，人工智能、边缘计算、区块链等新技术加速与物联网结合，物联网面向应用的技术不断创新。随着新一代信息技术的高度集成和综合运用，在物联网蓬勃发展的同时，物联网的安全形势也非常严峻，急需推进物联网架构安全、异构网络安全、数据安全、物联网安全芯片等关键技术研发。

（5）在政策、技术、市场的多重推动下，区块链技术正在加速与实体经济融合发展。区块链作为点对点网络、密码学、共识机制、智能合约等多种技术的集成创新，提供了一种在不可信网络中进行信息与价值传递交换的可信通道。当前，基于区块链的应用探索一直在加速推进，跨链、隐私保护、安全监管等区块链关键技术也正在成为研究热点，越来越多国外公司开始加入区块链源代码的开发和贡献。此外，由区块链技术催生的恶意攻击活动也更加频繁，区块链安全也亟待研究。

（6）未来先进计算将进一步推动信息技术产业的升级并和更多传统行业深度融合，迎来新一轮发展高潮。当前，网络空间基于不同层面、不同角度、不同应用场景的计算技术创新层出不穷，各种计算技术、产品及概念不断涌现，各国也在加快先进计算技术的创新，创新环节涵盖先进计算的原理、材料、工艺、器件、系统、算法、网络架构、应用等，量子计算、类脑计算等非冯诺依曼架构计算技术的突破和产业化将是支撑先进计算未来持续快速升级的重要动力。未来中美日欧加速推进先进计算，预计 2021 年—2023 年将先后进入 E 级计算时代。

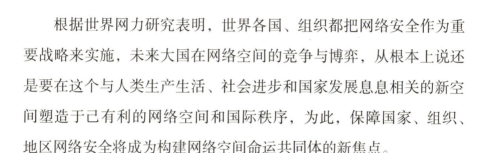

5.4　保障网络空间安全成为世界网络力量构建的新焦点

　　根据世界网力研究表明，世界各国、组织都把网络安全作为重要战略来实施，未来大国在网络空间的竞争与博弈，从根本上说还是要在这个与人类生产生活、社会进步和国家发展息息相关的新空间塑造于己有利的网络空间和国际秩序，为此，保障国家、组织、地区网络安全将成为构建网络空间命运共同体的新焦点。

　　围绕四种形态网络空间秩序推进本国的网络力量建设：一是参与构建网络空间命运共同体。"共同体"理念提出的前提是认识到各国之间具有共同利益、整体利益，存在"荣损与共"的关系。相较于传统安全领域，网络空间"一荣俱荣，一损俱损"的特点更加突出，更需要以"发展共同推进、安全共同维护、治理共同参与、成果共同分享"的原则，合作应对各类安全威胁。二是追求网络空间总体稳定。此状态的基本特征包括：对威胁危害性有共同的认知，面对人类共同的公敌、公害，愿意并能够通过合作应对不法分子、极端势力、恐怖主义利用网络制造的威胁；大国拥有一定程度的战略互信，有意愿维护稳定的网络关系，同时，相信对方有同样的意愿；意识到避免网络空间军备竞赛的必要性和紧迫性，密切关注其他竞争对手的网络武器研发动向和网络空间军事战略取向，做好在必要情况下发展网络军事力量以威慑达成安全目标的准备；中小规模的网络攻击事件时有发生，总体处于可控状态。三是防止网络空间持续动荡。此状态表现出以下特征：虽然能够认识到网络威胁的严峻性，但更多则是基于本国利益需求确定应对手段，甚至试图将"祸水"引至他家；大国彼此定位为战略竞争对手甚至敌人，在网络空间的互疑大于互信；部分国家对网络武器研发和军事力量建设有浓厚兴趣，并将威慑作为达成网络安全战略目标的主要选择，表现出越来越强的进攻与先发制人态势；中小规模网络攻击事件持续不断，各国防御与合作明显滞后于网络进攻能力的发展速度。四是大力防范网络空间对抗。虽然网络空间具有虚拟性，但是，其与现实世界的紧密联系决定了一旦大国在网络空间形成对抗态势，极有可能纵向升级为大规模对抗，进而成为国家间在现实世界对抗的前奏或组成部分。

各国在网络空间目前已形成了"休戚与共、同舟共济"的相互依存关系，但是，网络空间带来的重大机遇又使大国在网络空间的竞争显得尤为激烈，其虚拟特质也加剧了大国之间误解误判的可能性及风险。基于此，各国都在认真探究网络空间国际秩序的可能前景及当前所处的状态，制定出对自己国家有利的网络发展战略，保障国家安全，同时也推动网络空间秩序向于人类有益的方向发展。为维护好网络空间秩序，制定好网络空间战略尤为重要，也是各国做好网络空间安全的重要保障。

5.5 前沿人才培养与竞争成为网络力量建设的战略点

随着国家网络安全和信息化建设事业的发展，各个国家对网络安全和信息化人才的数量需求越来越大，质量要求越来越高，培养网络安全和信息化人才成为各国网力建设的着力点。

（1）各国纷纷制定网络安全和信息化人才发展战略。例如，美国在战略层面上非常重视网络安全和信息化人才培养，并启动相应的配套培养计划，包括启动符合网络信息安全特点的精英人才培养计划等，最后形成非常系统的"基础教育、高等教育、培训认证、人力管理、竞赛"全方位培养体系。

（2）加强专业人才的发掘和培养。学校教育是各国培养网络信息安全人才的主要方式，部分发达国家在学校教育上的主要做法包括：在教育体系中设置网络信息安全相关基础或专业课程，如英国把网络信息安全纳入学术教育体系中，涵盖从初中到博士学位的相关课程，英国教育部设置新课程确保儿童从 5 岁开始接受网络安全教育。

（3）加强职业培训提升网络安全和信息化人才技能水平。主要发达国家纷纷建立了各自的职业技能培训认证系统，主要方式有：政府直接或指导建立培训机构。

5.6 随机性网络破坏将是敌对国网络较量的新武器

进入信息时代，计算机网络正在以前所未有的速度向全球的各个角落辐射，其触角伸向了社会的各个领域，成为当今和未来信息社会的联结纽带。军事领域也不例外，以计算机为核心的信息网络已经成为现代军队的神经中枢。一旦信息网络遭到攻击并被摧毁，整个军队的战斗力就会大幅度降低甚至完全丧失，国家安全将受到严重威胁，国家机器将陷入瘫痪状态。正是因为信息网络的这种重要性，决定了信息网络成为了信息战争的重点攻击对象。

互联网的快速发展，给我们的生活带来了很多便利，5G 网络已经来临，将带我们进入一个万物互联的时代。然而在网络快速发展的同时，网络安全威胁也越来越严重，网络攻击的规模和复杂性逐年上升，造成的影响越来越大，攻击软件越来越智能化，凭借一些入门的教程和软件就能轻松发起攻击，使得互联网行业的运维人员心力交瘁。

随着计算机网络在战争中的地位与作用日益突出，计算机网络战部队将发挥关键作用并向专业化方向发展。专门的计算机网络攻击武器平台将会出现，这种攻击武器将不仅仅是一种普通计算机，而是一种由计算机软、硬件紧密结合的武器系统。它会根据不同需要，可以包括大、中、小型或固定式、台式、便携式等几种，利用这种网络攻击系统，对敌方网络进行侦察、入侵等活动。

现有指挥控制系统等往往依赖互联网来协调各类军事资源，这为攻击者提供了很好的机会。但当前各国都将重要军用系统与互联网隔开，来防范网络泄密和网络攻击。在这种情况下，利用无线电信号进行网络攻击显然比通过U盘或其他便携式存储设备连接到"离线"网络后再注入恶意计算机代码的做法更具可预见性。当各国军方将物理隔绝当作防备网络泄密的绝对安全盾牌时，美国正在秘密研制能刺穿这张盾牌的"长矛"。五角大楼先进项目研究局正在投入巨资研制一种新概念网络武器，它可通过无线电信号渗透那些与互联网隔绝的系统。这种网络攻击方式在理论上是可行的，虽然它实现的难度很大，但一旦这种"无孔不入"的网络战武器成真，各国将很难在网络上寻找到安全空间。

◢ 附 录 ◣

附录一：编委会成员简介

于 晴

北京鼎普科技股份有限公司创始人。现任北京鼎普科技股份有限公司董事长、总裁，中国网络安全与信息化产业联盟理事长，中关村网络安全与信息化产业联盟理事长，中国保密协会产业分会会长。

张继春

张继春，祖籍河北井陉，生长于山西阳泉。1977年知青，曾任太原卫星发射中心工程连指导员、电视台编导、宣传处理论干事，装备学院组织处长、装备指挥系政委、政治部副主任，立三等功3次。1986年南京政治学院毕业、2001年北京师范大学教育经济与管理在职研究生。1993年获军队科技进步三等奖一项（第一完成人），出版专著3部，多篇论文获军队、总部奖。

周鸿祎

周鸿祎，360 公司创始人、董事长兼 CEO。全国政协委员、九三学社中央科技专门委员会副主任。首创"免费安全"模式，提升了中国互联网安全的整体水平。为更好地服务国家网络安全大局，响应国家号召，2015 年，周鸿祎决定带领 360 从美国退市回归 A 股，2018 年 2 月，360 成功在国内 A 股上市，成为纯内资网络安全企业。2017 年，首次提出"大安全"战略。2018 年，提出安全大脑是应对"大安全"时代新威胁和大挑战的技术方向和思路，要共建国家安全大脑、城市安全大脑和家庭安全大脑，捍卫国家网络安全，维护城市和社会安全，为老百姓提供安全感。2019 年，带领 360 全面进军政企市场，落地"大安全"战略，打造安全产业生态，为国家安全保驾护航。

吴云坤

吴云坤，男，1975 年出生。担任奇安信集团总裁，中国信息协会信息化促进工作委员会副会长，中科院大学网络空间学院客座教授，中国互联网金融协会网络与安全专委会副主任委员，中国指挥与控制学会网络空间安全专家委员会副主任委员，中央军委装备发展部第一届信息系统安全防护技术专业组成员，中科院软件应用技术研究所电子数据取证实验室专家评委会专家。荣获北京市科技奖励三等奖、中国信息安全领域领军人物等称号。主要研究方向包括边界安全、大数据安全、云计算安全、大数据威胁情报等。

姜海舟

北京海泰方圆科技股份有限公司创始人、董事长。我国改革开放后最早一批从事信息安全领域的人员之一，扎根商用密码领域二十余载，是商用密码技术产品和应用服务坚定的探索者、前行者。2016年入选科技部"科技创新创业人才"，2017年入选国家"万人计划"科技创业领军人才。中国计算机学会计算机安全专业委员会委员，北京航空航天大学北京校友会副会长、中国人民大学校董。

王海洋

中关村网络安全与信息化产业联盟秘书长，网络与信息安全专家，高级项目经理，研究生学历，硕士学位。本科毕业于清华大学计算机科学与技术专业，研究生毕业于中科院软件研究所计算机应用技术专业。从事网络与信息安全领域研究10余年，拥有6项发明专利、14项实用新型专利，发表论文5篇，参与2项国家标准、1项团体标准的制定工作。

宁　涛

宁涛，中共云南省委党校（云南行政学院）信息技术部副主任。负责校（院）"智慧校园"信息化建设工作，长期为云南省州（市）县党校、部分高校信息化建设提供技术支持。

唐　莉

信息安全与通信保密杂志社副总编辑 / 执行副社长，中国电子科技集团期刊办主任，关注网络空间安全综合治理，媒体传播，学术期刊创新研究，安全人才培养及安全文化建设等领域，曾任国家级信息安全职业教育基地校长，微软技术中心副总、CISP 运营中心副总等职。

路 娜

东软集团股份有限公司网络安全事业部副总经理，2004 年加入东软集团核心产品线网络安全事业部。2010 年先后担任中国计算机学会信息保密专业委员会副秘书长、中国保密协会监事兼科技分会副秘书长、中国电子学会计算机工程与应用分会副秘书长、中国互联网协会委员、中国信息产业商会信息化与首席信息官分会委员、车载信息安全产业联盟秘书长、国际托马斯认证讲师等职务。并先后参加多项国家级信息安全科研项目及国家标准制定工作。

魏海宇

北京中睿天下信息技术有限公司副总经理。十多年一线攻防实战经验，网络安全从业经历丰富，攻击溯源技术专家。先后就职于赛门铁克、东方微点等公司，从事计算机反病毒工作，有丰富的产品研发经验，曾被华为外聘为安全咨询顾问。现任北京中睿天下信息技术有限公司副总，负责公司安全能力体系建设，是多个关键信息基础设施单位安全标准的起草参与者。

刘晓韬

北京安华金和科技有限公司公司创始人兼 CEO，公司法人，南开大学博士，当前负责公司整体运营和公司战略。原为某国产数据库厂商研发副总裁，十余年数据库内核产品研发与推广经验。曾领导国产通用数据库、国产分析型数据库、国产内存数据库产品的产品研发与推广。参与国家核高基项目；我国金盾工程目录服务标准制定、安标委安全目录服务标准制定、中国数据库标准制定等多项产业化项目主持工作。

姜　强

国舜股份董事长兼总裁，清华大学 MBA，法国雷恩高等商学院工商管理博士在读。带领国舜股份深耕信息安全行业十余年，坚持创新研究、技术探索和金融、通信、政企等领域经验积累，致力于将国舜股份打造成安全云化、安全大数据化、安全服务化、关键行业安全精深化的信息安全领域领军者。曾作为国家发改委信息安全专项项目负责人并获得最高级别基金支持；主持完成数十项关键产品技术的开发工作，担任国舜金融科技安全研究院执行院长。

王江波

北京鼎普科技股份有限公司副总裁，全面管理公司研发团队。曾获军队科技进步二等奖三项，三等奖三项，四等奖一项，发表论文十余篇。其带领的研发团队持续创新，填补行业内多项技术空白，拥有软件著作权49项、专利22项，共有10余项产品获得国家火炬计划、北京市火炬计划、国家重点新产品、北京市重点新产品等荣誉。同时，参与了行业内多项技术标准的编写及评审工作。

赵　甫

北京计算机技术及应用研究所智能制造事业部党支部书记兼副主任，毕业于清华大学，主要从事工业信息安全、智能制造相关方向技术研究，牵头开展了多项工信部、科工局、保密局等部委相关课题工作，入选工信部、国防科工局、保密认证中心、北京市科委专家。

柳遵梁

杭州美创科技创始人兼总经理，数据安全和大数据领域专家，中关村网络安全与信息化产业联盟理事，中国信息协会信息安全专委会数据安全工作组组长，拥有二十年数据管理和信息安全从业经验，长期扎根通信、社保、医疗、金融等民生行业，著有《oracle 数据库性能优化方法论和最佳实践》。2005 年带领一批数据库技术专家创立美创科技，专注数据安全管理领域，目前，美创科技已跃居成为国内首屈一指的数据安全管理解决方案供应商。

葛　航

创业慧康科技股份有限公司董事长，现任九三杭州市委常委、浙江省软件协会会长、浙商大健康委员会副会长。1995 年参加九三学社，2018 年 4 月 16 日当选为西湖大学创校荣誉校董会成员。曾荣获浙江省科技进步奖、杭州市科技进步奖、杭州市新产品新技术奖、杭州市管理创新奖以及浙江省科技创新先进个人。近几年先后获得"2014 年浙江软件行业优秀企业家"、"2015 年浙江省第五届优秀中国特色社会主义事业建设者"、"2016 年杭州市劳动模范"、"2018 年改革开放四十年浙江工业创业发展四十人"等称号。

杨春晖

　　视联动力信息技术股份有限公司创始人。实施视联网技术的大规模研发和应用落地。在视频通讯领域，视联网以大规模、高清、实时、安全传输的特点独树一帜，在行业中处于领先水平。曾多次在国家级刊物上发表相关技术论文，并于2014年以"结构性安全的大规模高清视频通信网络技术的研发与推广应用"获得北京市科学技术奖。

罗　华

　　北京同有飞骥科技股份有限公司董事、副总经理兼党政系统营销中心总经理。任职期间，共拥有6项发明专利、1项实用新型专利，对公司经营与发展做出了重要贡献。近几年在国家宏观战略指导下，积极主导公司国产CPU产品和业务发展方向，为推广国产CPU存储产品做了突出贡献，并在国家电子公文系统试点项目中建立多省、多部委的关键试点，为下一步国产CPU全面替代国外产品奠定了坚实的基础。

李震宁

上海中标软件有限公司副总经理，上海基础软件工程技术研究中心主任，高级工程师；在中国基础软件领域服务 19 年。主要研究方向是：开源软件、操作系统、信息安全及软件工程等。负责并实施了多个国家级、省部级和关键基础信息领域的软件和信息领域重大课题项目。同时兼任我国开源及基础软件通用技术创新战略联盟秘书长；中国大数据智能计算专家委员会常委、中国开源云联盟副秘书长，中国开源软件推进联盟副秘书长，中国高端芯片联盟副秘书长，中国大数据应用协同创新联盟副秘书长，中国网络空间协会委员、中日韩东北亚开源论坛 WG1 中方组长、中国计算机学会 CCF 系统软件专委会委员、大学生网络安全训练营导师等职务。

附录二：业界点评

倪光南 / 中国工程院院士

　　高新科技基础研究的不断拓展与技术的快速发展，使网络信息技术已经构成一个生态，形成了以核心技术为主导的综合力量。网信联盟集中业内专家和企业家敏锐地抓住"网力"这个新的生态进行初步研究，很有必要，对于我们以更高视角、更总体认识网信事业有一定的研究价值，希望能够在网信领域不断提升这方面的研究质量与水平，在思想理念上有新贡献。

沈昌祥 / 中国工程院院士

　　我一直以为网络空间是极其脆弱的，随时面临着黑客攻击、敌对势力网络暴恐和霸权国家网络战的重大威胁，所以我们必须加紧构建牢固的主动免疫防护体系，这实际上是世界网络力量的高地和焦点，谁走在前面谁的网络力量就强。网信联盟能把网信产业一线的技术问题、产品问题上升到体系的角度认识与研究，实属不易，可喜可贺。祝愿网信联盟继续为产业发展助力，成为一个具有引领性的研究型联盟。

杜　虹 / 国家保密局原总工、中国保密协会原会长

看了这部书稿，我感到这个研究方向具有时代特征，是符合信息产业革命发展规律的，对于更全面、系统地认识新质生产力，具有一定的思想理论引导作用。网络保密科技是网络力量水平的重要体现，是网信事业必须高度重视的领域。该书凝结了网信产业一线专家、企业家的心血，形成的这一成果很不容易。研究和创新是无止境的，我期待网信联盟紧跟时代、集智攻关，不断推出新的技术与思想成果。

徐　愈 / 中央网信办信息化发展局原局长

网信联盟在联合服务客户、以实绩回报社会的同时，坚持深入开展理论研究。这部新著围绕"网络力量"进行综合研究，提出了"网力"概念及体系构建，很有参考价值，为系统观察分析网络信息技术与应用发展提供了一个新的研究路径。

顾建国 / 公安部网络安全保卫局原局长

《世界网力：2018年中国网络安全与信息化产业桔皮书》立意新颖、内容丰富、信息量大，值得我们认真阅读和思考。《桔皮书》提出了网络力量的概念，概述了网络力量研究的重要意义及方法、网力体系的基本构成、世界主要国家的网力情况及发展趋势。这对于从事网络安全与信息化工作的人们来说，拓宽了视野，获得了新的启迪，增加了新的研究课题和方向。

坦率来说，由于网络力量是一个新的概念和研究课题，《桔皮书》所阐述的一些概念和内容还比较肤浅，有些还值得商榷。但总的来说，提出对网络力量的研究是有重大理论意义和实际意义的，勇气和精神可嘉！

当今时代已进入数字化、网络化、智能化的新时代，给我们的生产、生活和社会活动带来了日新月异的巨大变化。这一切的变化源自于网络的发明和应用发展，来自于社会生产力最活跃的发展因素——网络的力量。加强对网络力量的研究，对于进一步提高我国的网络安全与信息化发展水平，实现建设网络强国的重大目标是具有十分重要意义的。

—后 记—

　　根据年度网信产业发展情况，中关村网络安全与信息化产业联盟（以下简称"联盟"）连续四年组织产业专家、企业家研究撰写年度报告——《桔皮书》，并在首都网络安全日期间向社会发布，产生了一定影响，成为产业界的一项品牌行动。2018 年，联盟聚焦"世界网力"，与《信息安全与通信保密》杂志社、北京东方资治教育科技研究院、远望智库携手进行研究，先后选派360 安全集团、海泰方圆科技公司、东软集团、中标软件、锐安科技等二十多家会员企业研究人员参与项目团队。经过比较系统、深入研究，在多方听取了科研机构、高等院校等相关单位意见与建议后，终于编撰成此书。

　　这部书的撰成和顺利出版，同时也得到了社会各界的支持和帮助。首先感谢中国工程院蔡吉人院士在百忙之中审阅了书稿，为本书作序，感谢中国工程院倪光南和沈昌祥两位院士，感谢严明、纪清阳、顾建国、徐愈、李剑阁、崔书昆、杜虹、许欣、张宇翔等领导专家对本书提出极为宝贵的修改意见，感谢他们的精邃深微之见；感谢360 集团董事长周鸿祎和奇安信集团总裁吴云坤对本书的大力支持和指导帮助，感谢北京鼎普科技股份有限公司、北京海泰方圆科技股份有限公司、东软集团股份有限公司、北京中睿天下信息技术有限公司的鼎力赞助；感谢理事长于晴女士对选题的谋划、提纲的审定、内容的审改和研究工作的组织，感谢北京新绛商会企业协助核查相关数据，同时十分感谢出版社编辑的精心审阅把关。在此书付梓出版之际，我们表示恳切诚挚的感谢。

由于我们掌握资料有限、研究水平有限、研究时间有限，难免存在诸多不尽人意之处，恳望专家、领导、企业家和同仁批评指正。作为网络力量研究的初步成果，权作抛砖引玉。研究与创新永远在路上，联盟会竭诚与产业界同仁携手努力，不断贡献新成果。

中关村网络安全与信息化产业联盟网信战略研究中心

二〇一九年九月